레벨업 일본어 1

www.shinasa.co.kr
음성파일
MP3
무료다운로드

이시윤 · 임태균 · 아이자와 유카 공저

신아사

머리말

잘 알려진 바와 같이 일본은 우리나라 사람들이 가장 많이 찾는 해외 여행지이자 구직자들의 해외취업 선호국가 단연 1순위이기도 한 나라입니다. 그만큼 일본이라고 하는 나라가 지니는 매력은 크다고 할 수 있으며 일본어를 배우려고 하는 사람들 역시 많은 것이 현실입니다.

대부분의 일본어 학습자들이 기초 수준의 일본어를 마치고나서 실력을 한 단계 향상시키고자 할 때 많은 어려움을 호소합니다. 문법을 제대로 익히기도 전에 너무 어려운 단계로 넘어가버리거나 하여 흥미를 잃어버리는 경우도 종종 있기 때문입니다. 기초실력을 탄탄하게 다지면서 자신의 실력을 한 단계 '레벨 업' 할 수 있는 최적의 교재를 찾기란 의외로 쉽지 않습니다.

이 책은 기초 수준의 일본어 학습자를 대상으로 일본어 커뮤니케이션 능력 향상에 초점을 맞춰 기초 수준에서 한 단계 '레벨 업'한, 일상생활에 활용할 수 있는 실용적인 일본어 표현을 구사할 수 있도록 구성된 교재입니다.

우선 다양하고 흥미로운 테마를 중심으로 한 독해문을 통해 일본의 사회와 문화 전반에 대해서 소개하고 있으며 독해력 향상을 위한 〈내용 체크〉란을 마련함으로써 본문 내용을 확인할 수 있도록 하였습니다. 또한 본문 내용과 연관성이 있는 〈포인트 회화〉 학습을 통해 일본어 커뮤니케이션 실력 향상을 꾀하였습니다. 〈문법 익히기〉와 〈연습문제〉를 통해서는 문법에 대한 바른 이해와 일본어 활용 능력의 극대화를 노렸습니다. 뿐만 아니라 〈부록〉으로 기초 수준의 일본어 문법사항을 일목요연하게 정리해 놓음으로써 학습자의 편의를 도모하였습니다.

아무쪼록 이 책으로 공부하는 여러분의 일본어 실력이 한 단계 '레벨 업'하여 중급 수준의 일본어 구사능력을 갖추는 데 조금이나마 보탬이 될 수 있기를 바라마지 않습니다.

2018년 2월

레벨업 일본어 저자 일동

레벨업 일본어 ❶

목 차

이 책의 구성

	테마	문법, 문형
1과	스모	①과거형(い・な형용사, 명사) ②~やすい、~にくい ③~すぎる
2과	게임	보통형 ①~そうだ(전문)・現在形 ②~そうだ(전문)・過去形
3과	애완동물	①~と思う ②조건(~たら)
4과	행운을 부르는 물건	①あげる ②くれる、もらう ③差(さ)し上(あ)げる、くださる、いただく
5과	근대문학	조건(①~ば ②~なら) ③~のために
6과	온천	①~そうだ(양태) ②~そうな ③~そうに
7과	축제	①명사수식 ②~にする ③~しか~ない
8과	음식	①~ようだ(추측) ②まるで~みたいだ(비유) ③~ような(예시)
9과	교통	수동형(①명사に + 수동형 ②명사に + 명사を + 수동형)
10과	지진	사역형(①명사を + 사역형 ②명사に + 명사を + 사역형)
11과	테마파크	①의지형 + と思う ②~つもりだ ③~予定だ
12과	아이돌	①ので ②のに ③보통형 + し

1

相撲(すもう)、面白(おもしろ)かった?

* 테마 독해: 相撲(すもう)
* 주요 학습 내용:

1. 相撲(すもう)、面白(おもしろ)かった?
2. 相撲(すもう)の ルールは 分(わ)かりやすいです。
3. 相撲(すもう)の 動画(どうが)を 見(み)すぎて、目(め)が 疲(つか)れました。

테마 독해

※ 다음 글을 읽고 질문에 답해 봅시다.

- 相撲(すもう) -

相撲(すもう)は 日本(にほん)で 一番(いちばん) 歴史(れきし)の 長(なが)い スポーツです。 相撲(すもう)の 選手(せんしゅ)を「力士(りきし)」と いいます。 一番(いちばん) 強(つよ)い 力士(りきし)は「横綱(よこづな)」です。

相撲(すもう)の 大(おお)きい 試合(しあい)を「本場所(ほんばしょ)」と いいます。 本場所(ほんばしょ)は 1年(ねん)に 6回(かい)、奇数(きすう)の 月(つき)に あります。 場所(ばしょ)は 東京(とうきょう)で 3回(かい)、大阪(おおさか)、名古屋(なごや)、九州(きゅうしゅう)で 1回(かい)ずつです。 1回(かい)の 試合(しあい)は 15日(にち) かかります。

相撲(すもう)は 日本(にほん)の 伝統文化(でんとうぶんか)の 一(ひと)つです。 ですから、力士(りきし)は 外国(がいこく)に 行(い)って 公演(こうえん)も します。 これも 力士(りきし)の 大切(たいせつ)な 仕事(しごと)です。

내용 체크

※ 본문을 읽고, 맞는 것에 ○를 하세요.

① 横綱(よこづな)は あまり 強(つよ)く ありません。

② 相撲(すもう)の 公演(こうえん)は 1年(ねん)に 6回(かい) あります。

③ 相撲(すもう)は 日本(にほん)の 伝統文化(でんとうぶんか)の 一(ひと)つです。

포인트 회화

① A : 相撲(すもう)、面白(おもしろ)かった?

B1 : うん、面白(おもしろ)かった。

B2 : ううん、面白(おもしろ)く なかった。

② A : 相撲(すもう)の ルールは 分(わ)かりやすいですか。

B1 : はい、簡単(かんたん)で、分(わ)かりやすいです。

B2 : いいえ、難(むずか)しくて、分(わ)かりにくいです。

③ A : どうしたんですか。

B : 相撲(すもう)の 動画(どうが)を 見(み)すぎて、目(め)が 疲(つか)れたんです。

相撲(すもう) : 스모　選手(せんしゅ) : 선수　力士(りきし) : 스모 선수　~と いう : ~라고 한다
横綱(よこづな) : 가장 강한 스모 선수　本場所(ほんばしょ) : 정식 스모 시합　~回(かい) : ~번
奇数(きすう) : 홀수　月(つき) : 달　名古屋(なごや) : 나고야(도시명)　九州(きゅうしゅう) : 큐슈(지명)
~ずつ : ~씩　伝統文化(でんとうぶんか) : 전통문화　公演(こうえん) : 공연　ルール : 규칙
動画(どうが) : 동영상

문법익히기

1 과거형

い형용사의 과거는 어간 + **かった**이고 **な**형용사의 과거는 어간 + **だった**이다. 명사는 명사 + **だった**가 된다. 정중형의 경우는 각각 아래 표와 같다.

	보통형	정중형
楽(たの)しい (い형용사)	楽(たの)しかった 楽(たの)しく なかった	楽(たの)しかったです 楽(たの)しく なかったです 楽(たの)しく ありませんでした
静(しず)かだ (な형용사)	静(しず)かだった 静(しず)かじゃ なかった	静(しず)かでした 静(しず)かじゃ なかったです 静(しず)かじゃ ありませんでした
学生(がくせい) (명사)	学生(がくせい)だった 学生(がくせい)じゃ なかった	学生(がくせい)でした 学生(がくせい)じゃ なかったです 学生(がくせい)じゃ ありませんでした

2 ~やすい・~にくい

동사의 **ます**형에 **やすい**를 붙이면 「~하기 쉽다」가 되고 동사의 **ます**형에 **にくい**를 붙이면 「~하기 어렵다」가 된다.

동사 ~~ます~~형 + やすい
동사 ~~ます~~형 + にくい

この 町(まち)は 住(す)みやすい。

道(みち)が 滑(すべ)りやすいから、気(き)を つけて ください。

雨(あめ)の 日(ひ)は 洗濯物(せんたくもの)が 乾(かわ)きにくい。

この 魚(さかな)は 骨(ほね)が 多(おお)くて 食(た)べにくいです。

3 ~すぎる

동사의 **ます**형에 **すぎる**를 붙이면 '너무 ~하다'가 된다. **い**형용사와 **な**형용사의 경우는 '어간 + **すぎる**'이다.

동　　사:	**ます**형	
い형용사:	어간(~~い~~)	+ **すぎる**
な형용사:	어간(~~だ~~)	

昨日(きのう)、コーヒーを 飲(の)みすぎました。

電気(でんき)が 明(あか)るすぎて、まぶしいです。

アルバイトが 大変(たいへん)すぎて、もう やめたいです。

새로 나온 말

滑(すべ)る: 미끄러지다　洗濯物(せんたくもの): 빨랫감　乾(かわ)く: 마르다　骨(ほね): 뼈
まぶしい: 눈부시다　やめる: 그만두다

연습 문제

1 다음 예와 같이 쓰고 대화해 봅시다.

예 先生(せんせい) / 厳(きび)しい

A: 先生(せんせい)、厳(きび)しかった?

B1: うん、厳(きび)しかった。

B2: ううん、厳(きび)しく なかった。

① 昨日(きのう) / 天気(てんき)が いい

A:

B1:

B2:

② 海岸(かいがん) / きれいだ

A:

B1:

B2:

③ 土曜日(どようび) / 休(やす)み

A:

B1:

B2:

새로 나온 말

厳(きび)しい: 엄하다　海岸(かいがん): 해안　きれいだ: 깨끗하다　休(やす)み: 쉬는 날

연습 문제

2 다음 예와 같이 쓰고 대화해 봅시다.

> **예** この ベッド / 寝る(柔らかい・固い)
>
> A: この ベッドは 寝やすいですか。
>
> B1: はい、柔らかくて 寝やすいです。
>
> B2: いいえ、固くて 寝にくいです。

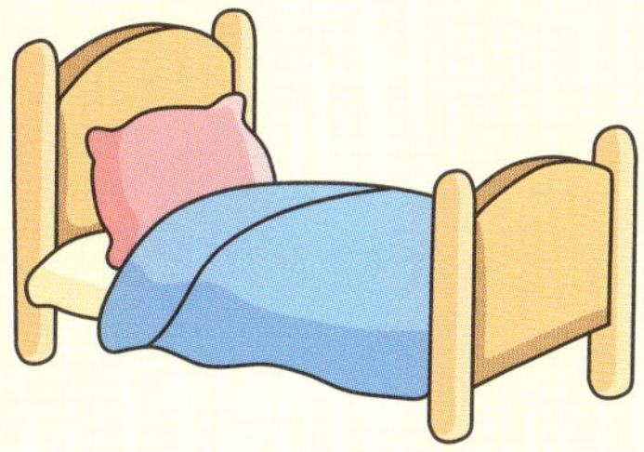

① その フォーク / 使う(軽い・重い)

A:

B1:

B2:

② この 道 / 運転する(広い・狭い)

A:

B1:

B2:

③ 田中さんの 文章 / 読む(字が きれいだ・字が 汚い)

A:

B1:

B2:

새로 나온 말

フォーク : 포크　　運転する : 운전하다　　文章 : 문장　　字 : 글씨

연습 문제

3 다음 예와 같이 쓰고 대화해 봅시다.

예 ご飯(はん)を 食(た)べる / お腹(なか)が 痛(いた)い

A: どうしたんですか。

B: ご飯(はん)を 食(た)べすぎて お腹(なか)が 痛(いた)いんです。

① 働(はたら)く / とても 疲(つか)れて いる

A:

B:

② 買(か)い物(もの)を する / お金(かね)が ない

A:

B:

③ 家賃(やちん)が 高(たか)い / 困(こま)って いる

A:

B:

④ ゲームが 複雑(ふくざつ)だ / おもしろく ない

A:

B:

새로 나온 말

疲(つか)れる: 피곤하다　　家賃(やちん): 집세　　困(こま)る: 곤란하다　　複雑(ふくざつ)だ: 복잡하다

2

あの ゲームは 難(むずか)しいそうです

※ 테마 독해: 東京(とうきょう)ゲームショウ

※ 주요 학습 내용:

1. 友(とも)だちに よると、あの ゲームは 難(むずか)しいそうです。

2. ゲームセンターの アルバイトは 楽(らく)だったそうです。

테마 독해

※ 다음 글을 읽고 질문에 답해 봅시다.

- 東京ゲームショウ -

東京ゲームショウ(TOKYO GAME SHOW)は、ゲーム、スマートフォン、コンピューターなどの 展示会です。1996年から 毎年 しています。展示会は 9月で、四日間 続きます。前は 1年に 2回 ありましたが、今は 1年に 1回です。

展示会では、ゲームなどの 新しい 情報を 知る ことが できます。それで、日本人は もちろん、外国人の お客さんも たくさん 来ます。外国の マスコミも 来ます。お客さんが たくさん 来ますから、企業も たくさん 参加します。お客さんの 中には コスプレを する 人も いて、とても 面白いです。

내용 체크

※ 본문을 읽고, 맞는 것에 ○를 하세요.

① 東京ゲームショウは 毎年 あります。

② 東京ゲームショウには 外国人も たくさん 来ます。

③ 東京ゲームショウには 企業は あまり 参加しません。

포인트 회화

① A：あの ゲームは 難(むずか)しいですか。

B1：友(とも)だちに よると、難(むずか)しいそうです。

B2：友(とも)だちに よると、難(むずか)しく ないそうです。

② A：ゲームセンターの アルバイトは どうでしたか。

B1：キムさんに よると、楽(らく)だったそうです。

B2：キムさんに よると、楽(らく)じゃ なかったそうです。

새로 나온 말

スマートフォン：스마트폰	コンピューター：컴퓨터	展示会(てんじかい)：전시회
毎年(まいとし)：매년	四日間(よっかかん)：나흘간	情報(じょうほう)：정보
それで：그래서	もちろん：물론	たくさん：많이
マスコミ：매스컴	企業(きぎょう)：기업	参加(さんか)する：참가하다
コスプレ：코스프레	ゲームセンター：실내 게임장	

문법익히기

1 보통형

정중형과 달리 보통형은 친한 친구들과의 대화나 소설 · 일기 · 리포트 등에 사용된다. 명사, **な**형용사, **い**형용사, 동사의 보통형은 각각 아래 표와 같다.

	정중형 (です・ます)	현재 긍정 (기본형)	과거 긍정	현재 부정	과거 부정
명사	先生です	先生だ	先生だった	先生じゃない	先生じゃなかった
な형용사	好きです	好きだ	好きだった	好きじゃない	好きじゃなかった
い형용사	おいしいです	おいしい	おいしかった	おいしくない	おいしくなかった
	いいです	いい(よい)	よかった	よくない	よくなかった
동사	行きます	行く	行った	行かない	行かなかった

2 보통형 + そうだ

전언을 나타내는 조동사 '**そうだ**'는 보통형에 접속한다. '~하다(라)고 한다'라는 뜻을 나타낸다.

火事の 原因は たばこの 火だったそうです。

あの 店は あまり 親切じゃ なかったそうです。

専門家に よると、この 宝石は とても 珍しいそうです。

新聞に よると、韓国で 大きな 地震は 起こらないそうです。

3 확인하기

다음 빈칸에 알맞은 말을 써 봅시다.

정중형 (です・ます)	현재 긍정 (기본형)	과거 긍정	현재 부정	과거 부정
①恋人(こいびと)です				
②嫌(きら)いです				
③難(むずか)しいです				
④いいです				
⑤読(よ)みます				
⑥あります				
⑦います				
⑧食(た)べます				
⑨します				
⑩来(き)ます				

새로 나온 말

火事(かじ): 화재　原因(げんいん): 원인　火(ひ): 불　専門家(せんもんか): 전문가

宝石(ほうせき): 보석　珍(めずら)しい: 드물다　大(おお)きな: 큰　起(お)こる: 일어나다

연습 문제

1 다음 예와 같이 쓰고 대화해 봅시다.

> 예 先輩(せんぱい) / 面白(おもしろ)いです
>
> A: この 漫画(まんが)は どうですか。
>
> B1: 先輩(せんぱい)に よると、面白(おもしろ)いそうです。
>
> B2: 先輩(せんぱい)に よると、面白(おもしろ)くないそうです。

① ニュース / 危険(きけん)です

A: あの 国(くに)は どうですか。

B1:

B2:

② 医者(いしゃ) / 体(からだ)に いいです

A: この 料理(りょうり)は どうですか。

B1:

B2:

③ 部長(ぶちょう) / 持(も)って います

A: パクさんは 運転免許(うんてんめんきょ)を 持(も)って いますか。

B1:

B2:

새로 나온 말

先輩(せんぱい): 선배　　危険(きけん)だ: 위험하다　　体(からだ): 몸　　運転免許(うんてんめんきょ): 운전면허

연습 문제

2 다음 예와 같이 쓰고 대화해 봅시다.

예 山田さん / 休みだ

A: 昨日、あの 店は 休みでしたか。

B1: 山田さんに よると、休みだったそうです。

B2: 山田さんに よると、休みじゃ なかったそうです。

① 先生 / 有名だ

A: あの 歌手は 有名でしたか。

B1:

B2:

② 天気予報 / いい

A: プサンの 天気は どうでしたか。

B1:

B2:

③ 後輩 / 込む

A: 土曜日、この 電車は 込みましたか。

B1:

B2:

새로 나온 말

天気予報: 일기예보　　プサン: 부산　　後輩: 후배　　込む: 붐비다

MEMO

3

犬をもらったら、一生懸命育てます

- 테마 독해: 犬の 表情
- 주요 학습 내용:

  1. ペットを 飼うのは 大変じゃ ないと 思います。
  2. 犬をもらったら、一生懸命育てます。

테마 독해

※ 다음 글을 읽고 질문에 답해 봅시다.

- 犬の 表情 -

「犬は、人の 前で 表情を 変える」と イギリスの 研究者が 発表しました。その 研究に よると、犬は 自分に 関心を 持つ 人の 前で 表情を 大きく 変えるそうです。一番 多いのは、まゆ毛を 上げて、目を 大きく 開く 表情です。実験では、人には 表情を 変えましたが、えさを もらう 時の 表情は 変わりませんでした。

この 結果から、犬は、顔の 表情を 使って、人と 交流する ことが わかりました。顔の 表情を 作る 動物は 外にも いるそうですが、この 結果は、犬の 研究の 中でも とても 興味深いです。

내용 체크

※ 본문을 읽고, 맞는 것에 ○를 하세요.

① 犬は 顔の 表情を 使って 人と 交流します。

② えさを もらう 時、犬は 表情を 変えます。

③ 顔の 表情を 作る 動物は 犬の 外には いません。

포인트 회화

① A：ペットを 飼うのは 大変ですか。

B1：はい、大変だと 思います。

B2：いいえ、大変じゃ ないと 思います。

② A：犬を もらったら、どうしますか。

B：犬を もらったら、一生懸命 育てます。

새로 나온 말

表情：표정　変える：바꾸다　研究者：연구자　発表する：발표하다

自分：자신　関心：관심　まゆ毛：눈썹　上げる：올리다

(目を)開く：(눈을)뜨다　実験：실험　えさ：먹이

結果：결과　顔：얼굴　交流する：교류하다　外：외

興味深い：흥미롭다　飼う：기르다　もらう：받다　一生懸命：열심히

문법익히기

1 보통형 + と思う

보통형 + **と思う**는 '~라고 생각한다'라는 뜻이다. 현재형이나 과거형 다 올 수 있다.

中村さんは 熱心な 学生だ**と 思います**。

話し合いは まだ 十分じゃない**と 思います**。

この 品物は とても 高かった**と 思います**。

今回の 台風は あまり 影響が なかった**と 思います**。

2 ~たら

~たら는 조건표현으로 동사 · **い**형용사 · **な**형용사 등의 **た**형에 **ら**가 붙은 것이다.

명　　사:	명사 + **だった**	
な형용사:	어간 + **だった**	+ **ら**
い형용사:	어간 + **かった**	
동　　사:	**た**형	

① 가정조건

앞으로 일어날지 어떨지 모르는 경우에 사용한다. '~면'이라는 뜻이다.

お金持ち**だったら**、世界旅行を したいです。

明日が 無理**だったら**、あさってでも いいです。

お風呂が 温**かったら**、言って ください。

雨が 降っ**たら**、コンサートは 中止します。

② 확정조건

앞으로 일어날 것을 알고 있는 경우에 사용한다. '~면'이라는 뜻이다.

駅に 着いたら、電話して ください。

会議が 終わったら、一緒に ご飯を 食べましょう。

③ 발견

전후에 일어난 사실을 나타낼 때 사용하며, '~ㅆ더니'의 뜻이다.

窓を 開けたら、雪が 降って いました。

後ろを 見たら、猫が こちらを 見て いました。

3 확인하기 (동사 + たら)

예와 같이 빈칸에 알맞은 말을 써 봅시다.

1그룹 동사	예) 聞く → 聞いて → 聞いたら	呼ぶ → ( ) → ( )
	立つ → ( ) → ( )	話す → ( ) → ( )
2그룹 동사	着る → ( ) → ( )	起きる → ( ) → ( )
	寝る → ( ) → ( )	食べる → ( ) → ( )
3그룹 동사	来る → ( ) → ( )	する → ( ) → ( )

새로 나온 말

熱心だ : 열심히 하다
話し合い : 토의
十分だ : 충분하다
品物 : 물건
台風 : 태풍
影響 : 영향
無理だ : 무리다
温い : 미지근하다
コンサート : 콘서트
中止する : 중지하다

연습 문제

1 다음 예와 같이 쓰고 대화해 봅시다.

예 A : コンビニの 仕事は 簡単ですか。

B1 : はい、簡単だと 思います。

B2 : いいえ、簡単じゃ ないと思います。

① A : あの 二人は 兄弟ですか。

B1 :

B2 :

② A : この頃、景気は いいですか。

B1 :

B2 :

③ A : イさんは 昔、お金持ちでしたか。

B1 :

B2 :

④ A : 友だちは ケータイを 買いましたか。

B1 :

B2 :

새로 나온 말

この頃 : 요즘　　景気 : 경기　　昔 : 옛날　　お金持ち : 부자

연습 문제

2 다음 예와 같이 쓰고 대화해 봅시다.

> **예** 明日 天気が 悪い / 出かけない
>
> A: 明日 天気が 悪かったら、どうしますか。
>
> B: 明日 天気が 悪かったら、出かけません。

① 明日から 夏休みだ / 旅行に 行く

A:

B:

② 今日 残業が ない / すぐ 家に 帰る

A:

B:

③ 日本語が 上手だ / 日本で 仕事を 探す

A:

B:

④ エレベーターが 故障する / 階段を 利用する

A:

B:

새로 나온 말

エレベーター: 엘리베이터　　故障する: 고장나다　　階段: 계단　　利用する: 이용하다

MEMO

4

友(とも)だちに 招(まね)き猫(ねこ)を もらいました

※ 테마 독해: 招(まね)き猫(ねこ)

※ 주요 학습 내용:

1. 鈴木(すずき)さんに 七福神(しちふくじん)の 人形(にんぎょう)を あげました。
2. 佐藤(さとう)さんは 私(わたし)に 日本(にほん)の お守(まも)りを くれました。
3. 日本(にほん)の 友(とも)だちに 招(まね)き猫(ねこ)を もらいました。

테마 독해

※ 다음 글을 읽고 질문에 답해 봅시다.

- 招き猫 -

日本には「縁起物」と いう 言葉が あります。縁起物とは、持って いたり 飾って おく ことで、いい ことが あると いう 商品の ことです。「招き猫」も 縁起物の 中の 一つで、日本の 店の 中で よく 見る ことが できます。

右手を 上げて いる 招き猫は「お金」を 呼びます。左手を 上げて いる ものは「人」を 招きます。両方の 手を 上げて いる 猫も いますが、これは お金と 人、両方を 呼びます。最近は、外国から 来る お客さん 用に、手の 向きが 反対の 猫も 売って いるそうです。

내용 체크

※ 본문을 읽고, 맞는 것에 ○를 하세요.

① 縁起物とは、体に いい 食べ物の ことです。

② 招き猫は 日本の 店の 中で よく 見る ことが できます。

③ 左手を 上げて いる 招き猫は「人」を 呼びます。

포인트 회화

① A: あなたは 鈴木さんに 何を あげましたか。

B: 私は 鈴木さんに 七福神の 人形を あげました。

② A: 佐藤さんは あなたに 何を くれましたか。

B: 佐藤さんは 私に 日本の お守りを くれました。

③ A: あなたは 日本の 友だちに 何を もらいましたか。

B: 私は 日本の 友だちに 招き猫を もらいました。

새로 나온 말

招き猫: 앞발로 사람을 부르는 시늉을 하고 있는 고양이 장식물

縁起物: 복을 비는 뜻에서 장식하는 물건　　言葉: 말　　右手: 오른 손

左手: 왼 손　　招く: 불러오다　　両方: 양쪽　　~用に: ~용으로

向き: 방향　　反対: 반대　　あげる: (남에게)주다

七福神: 복을 준다고 하는 일곱 신　　お守り: 부적　　くれる: (나에게)주다

もらう: 받다

문법익히기

일본어의 주고 받는 표현은 ‘방향’이나 ‘입장’, 또는 ‘받는 사람의 시점’에 따라서 사용하는 표현이 달라진다.

1 あげる (주다)

내가 남에게 또는 남이 남에게 줄 때 사용한다.

私(わたし)は 友(とも)だちに 珍(めずら)しい 飴(あめ)を あげました。

木村(きむら)さんは キムさんに 日本(にほん)の カレンダーを あげました。

2 くれる (주다)

남이 나에게 또는 남이 내 가족에게 줄 때 사용한다.

パクさんは 私(わたし)に 贈(おく)り物(もの)を くれました。

同僚(どうりょう)は 私(わたし)の 妹(いもうと)に かわいい スリッパを くれました。

3 もらう (받다)

내가 남으로부터 받을 때 또는 남이 남으로부터 받을 때 사용한다.

私(わたし)は イさんに(から) 贈(おく)り物(もの)を もらいました。

キムさんは 同僚(どうりょう)に(から) かわいい スリッパを もらいました。

4 差し上げる・くださる・いただく

差し上げる(드리다) · くださる(주시다) · いただく(받다)는 上げる · くれる · もらう의 경어표현이다.

私は 先生の 引っ越しの お祝いに 花瓶を 差し上げました。

課長は 私の 誕生日に デパートの 商品券を くださいました。

私は 市長に(から) 感謝状を いただきました。

5 확인하기

다음 빈칸에 알맞은 조사를 넣으세요.

① 田中さんが 私[に / から] 本を くれました。

② 私は キムさん[へ / に] 人形を もらいました。

③ 山田さんは パクさん[に / から] 花を あげました。

④ 恋人[へ / に] もらいたい ものは 何ですか。

⑤ 両親[に / から] あげたい ものは 何ですか。

새로 나온 말

飴 : 사탕　カレンダー : 달력　贈り物 : 선물　同僚 : 동료
スリッパ : 슬리퍼　引っ越し : 이사　お祝い : 축하선물　差し上げる : 드리다
商品券 : 상품권　くださる : (나에게)주시다　市長 : 시장　感謝状 : 감사장
いただく : 받다

연습 문제

1 다음 예와 같이 쓰고 대화해 봅시다.

예 友(とも)だち / 手袋(てぶくろ)

A: あなたは 友(とも)だちに 何(なに)を あげましたか。

B: (私(わたし)は 友(とも)だちに) 手袋(てぶくろ)を あげました。

① 聖書(せいしょ)

A:

B:

② 腕時計(うでどけい)

A:

B:

③ 万年筆(まんねんひつ)

A:

B:

④ 小(ちい)さな 鏡(かがみ)

A:

B:

새로 나온 말

聖書(せいしょ): 성경　　腕時計(うでどけい): 손목시계　　万年筆(まんねんひつ): 만년필　　鏡(かがみ): 거울

2 다음 예와 같이 쓰고 대화해 봅시다.

예 友だち / 手紙

A: 友だちは あなたに 何を くれましたか。

B: (友だちは 私に) 手紙を くれました。

*****

A: あなたは 友だちに 何を もらいましたか。

B: (私は 友だちに) 手紙を もらいました。

① 親友 / 化粧品

A:

B:

*****

A:

B:

② 恋人 / ブランドの 香水

A:

B:

*****

A:

B:

새로 나온 말

手紙: 편지 親友: 친한 친구 化粧品: 화장품 ブランド: 명품 香水: 향수

연습 문제

3 다음 예와 같이 쓰고 대화해 봅시다.

예 きれいな 花束(はなたば) / 大学(だいがく)の 先生(せんせい) / あげる

A: きれいな 花束(はなたば)ですね。

B: はい。大学(だいがく)の 先生(せんせい)に 差(さ)し上(あ)げるんです。

① 立派(りっぱ)な 感謝状(かんしゃじょう) / 市長(しちょう) / もらった

A:

B:

② かっこいい Tシャツ / 部長(ぶちょう) / くれた

A:

B:

③ すてきな ネクタイ / 会長(かいちょう) / あげる

A:

B:

④ かわいい キーホルダー / 教授(きょうじゅ) / もらった

A:

B:

새로 나온 말

花束(はなたば): 꽃다발　　会長(かいちょう): 회장　　キーホルダー: 열쇠고리　　教授(きょうじゅ): 교수

5

近代文学(きんだいぶんがく)なら、読(よ)みます

❋ 테마 독해: 夏目漱石(なつめそうせき)

❋ 주요 학습 내용:

1. 借(か)りたい 本(ほん)が あれば、図書館(としょかん)に 行(い)きます。
2. 近代文学(きんだいぶんがく)なら、読(よ)みます。
3. 翻訳(ほんやく)の 勉強(べんきょう)の ために、日本(にほん)の 小説(しょうせつ)を 読(よ)みます。

테마 독해

※ 다음 글을 읽고 질문에 답해 봅시다.

- 夏目漱石 -

夏目漱石は 有名な 小説家で、千円札の 人物でも 有名です。漱石の 本当の 名前は 「夏目金之助」と いいます。

漱石は 1867年に 江戸(今の 東京)で 生まれました。1890年には 東京帝国大学(今の 東京大学)に 入学しました。卒業した あと 学校の 先生として 働きながら 文学活動を 続けました。1905年には 代表作の 『吾輩は 猫である』を、1906年には 『坊っちゃん』を 発表しました。

漱石は たくさんの 作品を 発表しましたが、若い ころから 体が 弱くて、1916年に 49歳で 亡くなりました。

내용 체크

※ 본문을 읽고, 맞는 것에 ○를 하세요.

① 夏目漱石は 一万円札の 人物で 有名です。

② 夏目漱石は 学校の 先生でした。

③ 1905年の 代表作は 『吾輩は 犬である』です。

포인트 회화

① A : 土曜日、図書館に 行きませんか。

B1 : そうですね。借りたい 本が あれば、行きます。

B2 : そうですね。会議が 入らなければ、行きます。

② A : 日本語の 本を 読みませんか。

B1 : そうですね。近代文学なら、読みます。

B2 : そうですね。明日暇なら、読みます。

③ A : 翻訳の 勉強の ために、何を しますか。

B : 翻訳の 勉強の ために、日本の 小説を 読みます。

새로 나온 말

夏目漱石 : 소설가, 영문학자(1867~1916)
千円札 : 천엔권 지폐
人物 : 인물
夏目金之助 : 漱石의 본명
江戸 : 에도(도쿄의 옛 이름)
生まれる : 태어나다
東京帝国大学 : 동경제국대학(도쿄대학의 옛 명칭)
あと : 후
~として : ~로서
文学活動 : 문학 활동
続ける : 계속하다
代表作 : 대표작
吾輩は 猫である : 漱石의 작품(1905)
坊っちゃん : 漱石의 작품(1906)
作品 : 작품
亡くなる : 죽다, 돌아가시다
近代文学 : 근대문학
翻訳 : 번역

문법익히기

1 ~ば / なら

뒷 문장이 성립되기 위한 필수적 조건을 나타낼 때 ~ば를 쓴다. 단, 뒷 문장에 의지, 희망, 명령, 의뢰 등이 올 수 없다. 접속방법은 다음과 같다.

		기본형	ば형
동사	え단 + ば	勝(か)つ	勝(か)てば
		負(ま)ける	負(ま)ければ
		来(く)る	来(く)れば
		する	すれば
い형용사	어간 + ければ	正(ただ)しい	正(ただ)しければ
		いい・よい	よければ
な형용사	어간 + なら(ば)	好(す)きだ	好(す)きなら(ば)
		必要(ひつよう)だ	必要(ひつよう)なら(ば)
명사	명사 + なら(ば)	休(やす)み	休(やす)みなら(ば)
		大人(おとな)	大人(おとな)なら(ば)

走(はし)れば、電車(でんしゃ)に 間(ま)に 合(あ)います。

天気(てんき)が よければ、ドライブに 行(い)きたいです。

使(つか)い方(かた)が 簡単(かんたん)なら、私(わたし)も 使(つか)って みます。

平日(へいじつ)なら、公園(こうえん)に 人(ひと)が 少(すく)ないです。

2 ~ために

~ために는 목적을 나타내는 말로, '~하기 위해서'라는 뜻이다. 접속방법은 다음과 같다.

명　사 + **の**	+	ために
동사의 기본형		

健康(けんこう)の ために、毎朝(まいあさ) 野菜(やさい)ジュースを 飲(の)んで います。

パーティーを するために、部屋(へや)を きれいに 飾(かざ)りました。

3 확인하기(동사 + ば)

예와 같이 빈칸에 알맞은 말을 써 봅시다.

1그룹 동사	예) 出(だ)す → 出(だ)せば	持(も)つ → (　　　)
	吹(ふ)く → (　　　)	休(やす)む → (　　　)
2그룹 동사	見(み)る → (　　　)	借(か)りる → (　　　)
	調(しら)べる → (　　　)	出(で)かける → (　　　)
3그룹 동사	来(く)る → (　　　)	する → (　　　)

새로 나온 말

勝(か)つ: 이기다　**負(ま)ける**: 지다　**正(ただ)しい**: 옳다　**大人(おとな)**: 어른
使(つか)い方(かた): 사용법　**平日(へいじつ)**: 평일　**健康(けんこう)**: 건강　**飾(かざ)る**: 장식하다
吹(ふ)く: 불다

연습 문제

1 다음 예와 같이 쓰고 대화해 봅시다.

예 風邪が 治る / 忙しく ない

A: 週末 映画を 見ませんか。

B1: そうですね。 風邪が 治れば、見ます。

B2: そうですね。 忙しく なければ、見ます。

① 時間が ある / 遠く ない

A: 来週 ドライブに 行きませんか。

B1:

B2:

② この 仕事が 終わる / 雨が 降らない

A: 明日 野外プールで 泳ぎませんか。

B1:

B2:

③ 友だちが 一緒に 行く / 天気が いい

A: 日曜日 ディズニーランドで 遊びませんか。

B1:

B2:

새로 나온 말

ドライブ: 드라이브　　野外プール: 야외 풀장　　ディズニーランド: 디즈니랜드

2 다음 예와 같이 쓰고 대화해 봅시다.

예 静かな 店だ / 景色が きれいだ

A: 今晩、食事に 行きませんか。

B1: そうですね。 静かな 店なら、行きます。

B2: そうですね。 景色が きれいなら、行きます。

① 週末だ / 先生が 親切だ

A: 一緒に ヨガを 習いませんか。

B1:

B2:

② すぐ できる 物だ / 簡単だ

A: 何か おいしい 物を 作りませんか。

B1:

B2:

③ 相手が 医者だ / ハンサムだ

A: お見合いを しませんか。

B1:

B2:

새로 나온 말

今晩: 오늘 밤　　ヨガ: 요가　　お見合いを する: 맞선을 보다

연습 문제

3 다음 예와 같이 쓰고 대화해 봅시다.

예 留学 / お金を 貯める

A: 留学の ために、何を しますか。

B: 留学の ために、お金を 貯めます。

① 英語の 勉強 / 辞書を 買う

A:

B:

② ダイエット / 毎日 運動を する

A:

B:

③ 運転免許を 取る / 自動車学校に 通う

A:

B:

④ 失恋を 忘れる / 旅行の 計画を 立てる

A:

B:

새로 나온 말

貯める: 저축하다　　ダイエット: 다이어트　　自動車学校: 자동차학원
(免許を)取る: (면허를)취득하다　　失恋: 실연　　計画を 立てる: 계획을 세우다

6

あの 温泉(おんせん)は 人(ひと)が 多(おお)そうですね

※ 테마 독해: 温泉(おんせん)の 入(はい)り方(かた)

※ 주요 학습 내용:

1. あの 温泉(おんせん)は 人(ひと)が 多(おお)そうですね。
2. 体(からだ)に 良(よ)さそうな 温泉(おんせん)です。
3. 楽(たの)しそうに 露天風呂(ろてんぶろ)に 入(はい)って います。

테마 독해

※ 다음 글을 읽고 질문에 답해 봅시다.

- 温泉の 入り方 -

温泉の 旅館には、普通 部屋の テーブルの 上に お茶と お菓子が あります。これを 温泉に 入る 前に 食べましょう。入浴で カロリーが 減りますから、お菓子は エネルギー 補給の ために、お茶は 水分 補給の ために ちょうど いいです。

入浴の 時間は 温度に よって 違いますが、温い お湯で 30分 以内、熱い お湯では 10分 以内が いいそうです。湯船に 入る 前に 軽く 体を 洗いましょう。

露天風呂は 内風呂に 入って 体を 一度 温めてから 行きます。気温が 低いですから 急に 外に 出るのは よく ありません。

내용 체크

※ 본문을 읽고, 맞는 것에 ○를 하세요.

① 部屋に ある お茶と お菓子は、温泉に 入った 後で 食べます。

② 入浴の 時間は 気温に よって 違います。

③ 露天風呂は 体を 一度 温めた 後で 行きます。

포인트 회화

① A: あの 温泉(おんせん)は 人(ひと)が 多(おお)そうですね。

B: ええ、とても にぎやかそうですね。

② A: どんな 温泉(おんせん)ですか。

B: 体(からだ)に 良(よ)さそうな 温泉(おんせん)です。

③ A: 中村(なかむら)さんは 今(いま) 何(なに)を して いますか。

B: 楽(たの)しそうに 露天風呂(ろてんぶろ)に 入(はい)って います。

새로 나온 말

普通(ふつう): 보통
入浴(にゅうよく): 입욕
カロリー: 칼로리
減(へ)る: 줄다
エネルギー: 에너지
補給(ほきゅう): 보급
水分(すいぶん): 수분
ちょうど いい: 딱 좋다
~に よって: ~에 따라
お湯(ゆ): 더운 목욕물
以内(いない): 이내
湯船(ゆぶね): 욕조
露天風呂(ろてんぶろ): 노천탕
内風呂(うちぶろ): 건물 내부에 있는 온탕
温(あたた)める: 따뜻하게 하다
~てから: ~하고 나서
気温(きおん): 기온
急(きゅう)に: 갑자기

문법익히기

1 ~そうだ

'~ㄹ 것 같다'는 뜻을 나타내는 양태의 조동사 **そうだ**는 동사의 **ます**형 및 **い**형용사・**な**형용사의 어간에 접속한다.

동　　사 : ま~~す~~형
い형용사 : 어간 (~~い~~)　+　そうだ
な형용사 : 어간 (~~だ~~)

예외 **いい・よい　→　よさそうだ**
ない　→　なさそうだ

ろうそくの 火(ひ)が 消(き)えそうです。

この 池(いけ)は とても 深(ふか)そうです。

この かばんは ポケットが たくさん あって 便利(べんり)そうです。

あの 二人(ふたり)は 仲(なか)が よさそうです。

近(ちか)くに 駐車場(ちゅうしゃじょう)は なさそうです。

2 ~そうな＋명사

뒤에 명사가 오는 경우로, '~할 것 같은 ~' '~ㄹ 것 같은 ~'라는 뜻이다.

雨(あめ)が 降(ふ)りそうな 天気(てんき)です。

優(やさ)しそうな 先生(せんせい)です。

丈夫そうな 糸です。

頭が よさそうな 猫です。

3 ~そうに + 동사

동사를 수식하는 부사 역할을 하는 경우로, '~하듯이 ~한다'와 같이 해석이 된다.

眠そうに 座って います。

大事そうに 持って います。

気持ち よさそうに 眠って います。

面白く なさそうに 見て います。

4 동사 ます형 + そうに(も) ない

동사의 ます형에 연결되며 좀처럼 그렇게 될 것 같지 않을 때 쓰는 표현이다.

明日は 晴れそうに(も) ありません。

会議は 始まりそうに(も) ありません。

タクシーは なかなか 来そうに(も) ありません。

새로 나온 말

ろうそく : 양초	消える : 꺼지다	池 : 연못	ポケット : 주머니
たくさん : 많이	仲が いい : 사이가 좋다	糸 : 실	気持ち いい : 기분 좋다
晴れる : (하늘이)개다	始まる : 시작하다		

연습 문제

1 다음 예와 같이 쓰고 대화해 봅시다.

예 この ベッドは 寝(ね)やすい / とても 柔(やわ)らかい

A: この ベッドは 寝(ね)やすそうですね。

B: ええ、とても 柔(やわ)らかそうですね。

① イさんは まじめだ / 頭(あたま)も いい

A:

B:

② 韓国(かんこく)は 強(つよ)い / 今日(きょう)の 試合(しあい)は 勝(か)つ

A:

B:

③ 外(そと)は 寒(さむ)い / 雨(あめ)が やまない

A:

B:

④ 会議(かいぎ)は 時間(じかん)が かかる / まだ 終(お)わらない

A:

B:

새로 나온 말

柔(やわ)らかい: 부드럽다　　やむ: (비, 눈이)그치다　　会議(かいぎ): 회의

연습 문제

2 다음 예와 같이 쓰고 대화해 봅시다.

예 お子(こ)さん / 元気(げんき)だ

A: どんな お子(こ)さんですか。

B: 元気(げんき)そうな お子(こ)さんです。

① 問題(もんだい) / 簡単(かんたん)だ

A:

B:

② 食(た)べ物(もの) / 辛(から)い

A:

B:

③ 番組(ばんぐみ) / 面白(おもしろ)く ない

A:

B:

④ 冷蔵庫(れいぞうこ) / たくさん 入(はい)る

A:

B:

새로 나온 말

お子(こ)さん: 자녀분　食(た)べ物(もの): 음식　番組(ばんぐみ): TV 프로그램　冷蔵庫(れいぞうこ): 냉장고

연습 문제

3 다음 예와 같이 쓰고 대화해 봅시다.

예 娘(むすめ)さん / 楽(たの)しい / 友(とも)だちと 話(はな)す

A: 娘(むすめ)さんは 今(いま) 何(なに)を して いますか。

B: 楽(たの)しそうに 友(とも)だちと 話(はな)して います。

① 息子(むすこ)さん / 気持(きも)ち いい / 昼寝(ひるね)を する

A:

B:

② 奥(おく)さん / 忙(いそが)しい / 台所(だいどころ)を 片付(かたづ)ける

A:

B:

③ ご主人(しゅじん) / 暇(ひま)だ / いすに 座(すわ)る

A:

B:

④ 子供(こども)たち / つまらない / テレビを 見(み)る

A:

B:

새로 나온 말

娘(むすめ)さん: 딸님　　息子(むすこ)さん: 아드님　　奥(おく)さん: (남의)부인　　ご主人(しゅじん): (남의)남편

7

よく 行(い)く 祭(まつ)りは どこですか

※ 테마 독해: 日本(にほん)の 祭(まつ)り

※ 주요 학습 내용:

1. よく 行(い)く 祭(まつ)りは どこですか。
2. 旅行(りょこう)は 京都(きょうと)に しましょう。
3. 屋台(やたい)に 人(ひと)は 少(すこ)ししか いませんでした。

테마 독해

※ 다음 글을 읽고 질문에 답해 봅시다.

- 日本の 祭り -

日本には 祭りが たくさん あります。日本の 祭りを 理解する ための キーワードは「季節」です。

春は 稲を 植える 季節で、豊作を 祈ります。夏は 病気に 負けない ことを 祈ります。その 代表的な ものが 京都の 祇園祭りや 大阪の 天神祭りです。また、夏には 虫を 追い払う 祭りや お盆に 先祖の ために 行う 祭りも あります。秋は 米の 収穫を 感謝して、冬は、新しい 年を 祝います。このように 日本の 祭りには、「祈り」「感謝」「願い」などの 日本人の 心が 表れて います。

내용 체크

※ 본문을 읽고, 맞는 것에 ○를 하세요.

① 日本の 祭りを 理解する ための キーワードは「感謝」です。

② 祇園祭りと 天神祭りは 秋の 代表的な 祭りです。

③ 祭りには 日本人の「季節」の 心が 表れて います。

포인트 회화

① A: よく 行(い)く 祭(まつ)りは どこですか。

B: よく 行(い)く 祭(まつ)りは 祇園祭(ぎおんまつ)りです。

② A: 旅行(りょこう)は どこに しますか。

B: そうですね。京都(きょうと)に しましょう。

③ A: 屋台(やたい)に 人(ひと)は たくさん いましたか。

B: いいえ、少(すこ)ししか いませんでした。

새로 나온 말

理解(りかい)する: 이해하다　キーワード: 키워드　季節(きせつ): 계절　稲(いね): 벼

豊作(ほうさく): 풍작　祈(いの)る: 빌다　代表的(だいひょうてき)だ: 대표적이다

祇園祭(ぎおんまつ)り: 기온마츠리(교토의 축제)　天神祭(てんじんまつ)り: 덴진마츠리(오사카의 축제)

追(お)い払(はら)う: 내쫓다　お盆(ぼん): 일본의 추석　先祖(せんぞ): 조상　行(おこな)う: 행하다

米(こめ): 쌀　収穫(しゅうかく): 수확　年(とし): 해　祝(いわ)う: 축하하다

祈(いの)り: 기도　願(ねが)い: 소원　心(こころ): 마음　表(あらわ)れる: 나타나다

문법익히기

1 명사 수식

명사 앞에 와서 명사의 뜻이나 내용을 상세하게 설명해 주는 것이 명사수식어이다.

품사	단어	활용		수식 받는 명사
명　　사:	休(やす)み	の だった じゃ　ない じゃ　なかった	+	店(みせ)
な형용사:	好(す)き	な だった じゃ　ない じゃ　なかった	+	食(た)べ物(もの)
い형용사:	暑(あつ)	い かった く　ない く　なかった	+	日(ひ)
동　　사:	勉強(べんきょう)	する した しない しなかった	+	学生(がくせい)

写真で 見た 橋は とても きれいでした。

ここは 来る 予定じゃ なかった 町です。

昨日 休みだった 店の 名前を 教えて ください。

あそこで パンを 食べて いる 人は 私の 父です。

2 명사 + に する

'~로 하다'라는 뜻이며 선택을 나타낸다.

私は ハンバーグに します。

ワークショップの 受付は 何時からに しますか。

お見舞いに 行くのは 明日に しましょう。

3 명사 + しか ~ ない

'~밖에 ~지 않다'라는 뜻이며 しか 뒤에는 부정형이 온다.

試験まで あと 一週間しか ありません。

彼女は いつも ズボンしか はきません。

日本は 東京しか 行った ことが ありません。

새로 나온 말

橋 : 다리　パン : 빵　ハンバーグ : 햄버그　ワークショップ : 워크숍
受付 : 접수　お見舞い : 병문안　あと : 앞으로　ズボン : 바지
はく : (바지, 치마를)입다

연습 문제

1 다음 예와 같이 쓰고 대화해 봅시다.

예 住(す)んで います / ところ / ソウル

A: 住(す)んで いる ところは どこですか。

B: 住(す)んで いる ところは ソウルです。

① 一番(いちばん) 好(す)きです / 曜日(ようび) / 金曜日(きんようび)

A:

B:

② よく 寄(よ)ります / コンビニ / CU

A:

B:

③ 窓(まど)から 見(み)えました / 山(やま) / 富士山(ふじさん)

A:

B:

④ 授業(じゅぎょう)に 来(き)ませんでした / 人(ひと) / チェさん

A:

B:

새로 나온 말

寄(よ)る: 들르다　　見(み)える: 보이다　　富士山(ふじさん): 후지산

연습 문제

2 다음 예와 같이 쓰고 대화해 봅시다.

예 飲み物 / 何 / ワイン

A: 飲み物は 何に しますか。

B: そうですね。 ワインに しましょう。

① 旅行 / どこ / 有名な 湖

A:

B:

② 約束 / いつ / 今週の 日曜日

A:

B:

③ 退院の お祝い / 何 / 健康食品

A:

B:

④ 持って 行く かばん / どれ / スーツケース

A:

B:

새로 나온 말

湖 : 호수　　退院 : 퇴원　　健康食品 : 건강식품　　スーツケース : 여행가방

연습 문제

3 다음 예와 같이 쓰고 대화해 봅시다.

> 예 いつも 美容室(びようしつ)に 行(い)く / とこや
>
> A: いつも 美容室(びようしつ)に 行(い)きますか。
>
> B: いいえ、とこやしか 行(い)きません。

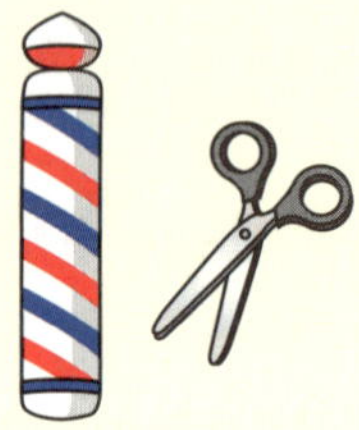

① 毎日(まいにち) 布団(ふとん)で 寝(ね)る / ベッド

A:

B:

② 会話(かいわ)も 勉強(べんきょう)して いる / 文法(ぶんぽう)

A:

B:

③ 漢字(かんじ)を 書(か)く ことが できる / ひらがな

A:

B:

④ 暑(あつ)い 日(ひ)は エアコンを 使(つか)う / 扇風機(せんぷうき)

A:

B:

새로 나온 말

とこや: 이발소　　布団(ふとん): 이불　　文法(ぶんぽう): 문법　　扇風機(せんぷうき): 선풍기

8

木村さんは ダイエット中の ようですね

* 테마 독해: お好み焼き
* 주요 학습 내용:

1. 木村さんは ダイエット中の ようですね。
2. この フランスパンは まるで 石のようですね。
3. キムチの ような 辛い 物が 食べたいです。

테마 독해

※ 다음 글을 읽고 질문에 답해 봅시다.

- お好み焼き -

お好み焼きは ご飯に 合うか。日本には ずいぶん 前から このような 論争が あって、「全然 問題ない」と いう 人と 「絶対 無理」と いう 人に 分かれます。

この 問題に ついて、ある インターネット サイトが 全国の 男女 1,354名に 調査を しました。その 結果、ほとんど 半分に 意見が 分かれました。「ご飯に 合う」と いう 人が 一番 多かったのは 近畿地方で、一番 少なかったのは 北海道でした。

近畿地方には 「お好み焼き定食」と いう メニューが あります。ここから 近畿地方の 人は お好み焼きを ご飯と 一緒に 食べる 人が 多いと 分かります。

내용 체크

※ 본문을 읽고, 맞는 것에 ○를 하세요.

① 日本では 普通 お好み焼きと ご飯を 一緒に 食べます。

② 近畿地方では お好み焼きが ご飯に 合うと 答えた 人が 多いです。

③ 北海道には 「お好み焼き定食」と いう メニューが あります。

포인트 회화

① A: 木村さんは　あまり　ご飯を　食べませんね。

B: そうですね。 ダイエット中の　ようですね。

② A: この　フランスパンは　固いですね。

B: そうですね。 まるで　石のようですね。

③ A: どんな　物が　食べたいですか。

B: キムチの　ような　辛い　物が　食べたいです。

새로 나온 말

- お好み焼き: 오코노미야키(일본 음식)
- 論争: 논쟁
- ある: 어느
- 調査: 조사
- 定食: 정식
- まるで: 마치
- ~と いう: ~라고 하는
- 全国: 전국
- 半分: 반
- ~中: ~(하는)중
- 石: 돌
- 合う: 맞다
- 絶対: 절대로
- 男女: 남녀
- 近畿地方: 긴키지방
- フランスパン: 프랑스 빵
- キムチ: 김치
- ずいぶん: 제법
- ~に ついて: ~에 대해서
- ~名: ~명
- 北海道: 홋카이도(지명)

문법익히기

1 ~ようだ

ようだ는 '~인 것 같다'라는 뜻으로 어떤 상황을 근거로 한 불확실한 추측을 의미한다. 양태의 '**そうだ**'는 명사나 동사의 과거형에 연결시킬 수 없지만 **ようだ**는 접속이 가능하다. 회화체에서는 주로 **みたい**를 사용한다. 접속방법은 다음과 같다.

품사	어간	접속	
명 사	風邪(かぜ)	の だった じゃ ない じゃ なかった	＋ようだ
な형용사	便利(べんり)	な だった じゃ ない じゃ なかった	＋ようだ
い형용사	難(むずか)し	い かった く ない く なかった	＋ようだ
동 사	食(た)べ	る た ない なかった	＋ようだ

いい においが します。晩ご飯は カレーの ようです。

大きい 音が しました。誰かが 皿を 割ったようです。

教室に 誰も いないから、今日は 授業が ないようです。

みんな 笑って いるから、テストは 難しく なかったようです。

2 (まるで) 명사＋の ようだ

'마치 ~인 것 같다'라는 뜻으로 비유를 나타낸다.

彼女は スタイルが よくて まるで モデルの ようです。

この ロボットは まるで 本物の 人間の ようです。

あの 二人は 顔が 似て いるから まるで 双子の ようです。

3 명사＋の ような

명사에 접속하며 '~와 같은'이라는 뜻으로 예시를 나타낸다.

母の ような 女性に なりたいです。

この お茶は 薬の ような 味が します。

私は チョコレートの ような 甘い 物が 好きです。

새로 나온 말

においが する : 냄새가 나다
晩ご飯 : 저녁 밥
音が する : 소리가 나다
割る : 깨다
スタイル : 스타일
モデル : 모델
ロボット : 로봇
人間 : 인간
双子 : 쌍둥이
味が する : 맛이 나다
チョコレート : 초콜릿

연습 문제

1 다음 예와 같이 쓰고 대화해 봅시다.

예 忙(いそが)しいです

A: チョンさんから 連絡(れんらく)が ありませんね。

B: そうですね。忙(いそが)しいようですね。

① 留守(るす)です

A: 電気(でんき)が 消(き)えて いますね。

B:

② 猫(ねこ)が 好(す)きです

A: イさんは よく 猫(ねこ)の スタンプを 使(つか)いますね。

B:

③ 具合(ぐあい)が 悪(わる)いです

A: 鈴木(すずき)さん、元気(げんき)が ないですね。

B:

④ 今朝(けさ) 雨(あめ)が 降(ふ)りました

A: 道(みち)が ぬれて いますね。

B:

새로 나온 말

連絡(れんらく): 연락　　留守(るす): 부재중　　スタンプ: 이모티콘　　ぬれる: 젖다

2 다음 예와 같이 쓰고 대화해 봅시다.

예 この 山(やま)は 美(うつく)しい / 絵(え)

A: この 山(やま)は 美(うつく)しいですね。

B: そうですね。 まるで 絵(え)のようですね。

① 先生(せんせい)は 若(わか)い / 学生(がくせい)

A:

B:

② 彼(かれ)は 発音(はつおん)が いい / アナウンサー

A:

B:

③ イムさんは 歌(うた)が 上手(じょうず)だ / 歌手(かしゅ)

A:

B:

④ この 指輪(ゆびわ)は すてきだ / 本物(ほんもの)の ダイヤ

A:

B:

새로 나온 말

発音(はつおん): 발음　　アナウンサー: 아나운서　　本物(ほんもの): 진품, 진짜　　ダイヤ: 다이아몬드

연습 문제

3 다음 예와 같이 쓰고 대화해 봅시다.

예 雲(くも) / 白(しろ)い 色(いろ)

A: どんな 色(いろ)が 好(す)きですか。

B: 雲(くも)の ような 白(しろ)い 色(いろ)が 好(す)きです。

① 父(ちち) / 優(やさ)しい 人(ひと)

A: どんな 人(ひと)と 結婚(けっこん)したいですか。

B:

② ビール / 冷(つめ)たい 物(もの)

A: どんな 物(もの)が 飲(の)みたいですか。

B:

③ 城(しろ) / 大(おお)きな 家(いえ)

A: どんな 家(いえ)に 住(す)みたいですか。

B:

④ 原宿(はらじゅく) / 若者(わかもの)の 街(まち)

A: 日本(にほん)の どこを 観光(かんこう)したいですか。

B:

새로 나온 말

雲(くも): 구름　ビール: 맥주　城(しろ): 성　原宿(はらじゅく): 하라주쿠(지명)　若者(わかもの): 젊은이
街(まち): 거리

9

新幹線で 足を 踏まれました

* 테마 독해: くまモン電車
* 주요 학습 내용:

1. タクシーの 運転手さんに ほめられました。
2. 新幹線で 足を 踏まれました。

테마 독해

※ 다음 글을 읽고 질문에 답해 봅시다.

- くまモン電車 -

「くまモン電車」を 知って いますか。「くまモン」とは 熊本県の PRキャラクターの ことです。この くまモンの 絵が 描かれた 電車を「くまモン電車」と いいます。2014年に 1号車が、2016年に 2号車が、2017年に 3号車が 公開されました。電車の 外や 中に いろいろな くまモンが 描かれて いて、子供たちに とても 人気が あります。

くまモンは YouTubeで 熊本電鉄の 電車の 乗り方も 紹介して います。地方の 電車は 東京などの 大きい 都市の 電車の 乗り方と 違うからです。「くまモン！電鉄に乗るモン！」で 検索して みましょう。

내용 체크

※ 본문을 읽고, 맞는 것에 ○를 하세요.

① 「くまモン」とは 東京の PRキャラクターの ことです。

② 「くまモン電車」の 1号車は 2017年に 公開されました。

③ 地方の 電車は 大きい 都市の 電車の 乗り方と 同じです。

포인트 회화

① A: タクシーの 運転手さんに ほめられました。

B: それは よかったですね。

② A: 新幹線で 足を 踏まれました。

B: それは 大変でしたね。

새로 나온 말

くまモン: 쿠마몬(구마모토현의 PR캐릭터)　～とは: ~란　熊本県: 구마모토현

PRキャラクター: PR캐릭터　描く: 그리다　～号車: ~호차　公開する: 공개하다

電鉄: 전철　紹介する: 소개하다　地方: 지방　都市: 도시

検索する: 검색하다　ほめる: 칭찬하다　足: 발　踏む: 밟다

문법익히기

1 수동형 (~れる / ~られる)

수동의 표현은 우리나라에서는 잘 쓰지 않기 때문에 해석을 할 때는 전후문장을 잘 읽고 판단해야 한다. 접속방법은 다음과 같다.

		기본형	수동형
1그룹 동사	あ단 + れる 예외 う → わ	書(か)く	書(か)かれる
		盗(ぬす)む	盗(ぬす)まれる
		写(うつ)す	写(うつ)される
		笑(わら)う	笑(わら)われる
2그룹 동사	~~る~~ + られる	見(み)る	見(み)られる
		食(た)べる	食(た)べられる
3그룹 동사		来(く)る	来(こ)られる
		心配(しんぱい)する	心配(しんぱい)される

2 명사に + 수동형 (직접수동)

주어와 직접적인 관계가 있는 경우의 수동표현이다. 어느 쪽을 중심으로 문장이 서술되는가에 차이가 있으며, 우리말의 '칭찬하다'와 '칭찬받다'의 관계와 비슷하다.

先輩(せんぱい)が 私(わたし)を 呼(よ)びました。

私(わたし)は 先輩(せんぱい)に 呼(よ)ばれました。

私(わたし)は 蚊(か)に 刺(さ)されました。

佐藤(さとう)さんは 先生(せんせい)に ほめられました。

カンさんは 友だちに(から) 結婚式に 招待されました。(に의 중복을 피함)

3 명사に + 명사を + 수동형 (소유자 수동)

목적어 を가 사용된 경우의 수동표현이며, 소유자가 주어가 된다.

弟が 私の ケータイを 壊しました。

↓

私は 弟に ケータイを 壊されました。

妹は 父に 大事な 手紙を 捨てられました。

私は 知らない 人に 急に 背中を たたかれました。(신체 일부)

私は 先生に 息子を ほめられました。(자녀)

4 확인하기(수동형)

예와 같이 빈칸에 알맞은 말을 써 봅시다.

1그룹 동사	예) 起こす → 起こされる	使う → (　　　)
	聞く → (　　　)	触る → (　　　)
2그룹 동사	勧める → (　　　)	助ける → (　　　)
	開ける → (　　　)	いじめる → (　　　)
3그룹 동사	来る → (　　　)	招待する → (　　　)

새로 나온 말

盗む : 훔치다　写す : (사진을)찍다　蚊が 刺す : 모기가 물다

招待する : 초대하다　壊す : 부수다　背中 : 등　捨てる : 버리다

起こす : 깨우다　触る : 만지다　助ける : 살리다　いじめる : 괴롭히다

연습 문제

1 다음 예와 같이 쓰고 대화해 봅시다.

예 泥棒(どろぼう)が 入(はい)る / 大変(たいへん)だ

A: 泥棒(どろぼう)に 入(はい)られました。

B: それは 大変(たいへん)でしたね。

① 恋人(こいびと)が 振(ふ)る / 残念(ざんねん)だ

A:

B:

② 後(うし)ろの 人(ひと)が 押(お)す / 危(あぶ)ない

A:

B:

③ 彼氏(かれし)が 映画(えいが)に 誘(さそ)う / いい

A:

B:

④ 母(はは)が 朝(あさ) 早(はや)く 起(お)こす / 大変(たいへん)だ

A:

B:

새로 나온 말

泥棒(どろぼう): 도둑　　恋人(こいびと)を 振(ふ)る: 애인을 차다　　残念(ざんねん)だ: 아쉽다　　押(お)す: 밀다

誘(さそ)う: 권하다

연습 문제

2 다음 예와 같이 쓰고 대화해 봅시다.

예 母(はは)が ラブレターを 読(よ)む

A: どうしたんですか。

B: 母(はは)に ラブレターを 読(よ)まれました。

① 後輩(こうはい)が 新車(しんしゃ)を 汚(よご)す

A:

B:

② 友(とも)だちが 好(す)きな 人(ひと)を 取(と)る

A:

B:

③ 受付(うけつけ)の 人(ひと)が 名前(なまえ)を 間違(まちが)える

A:

B:

④ となりの 子供(こども)が ガラスを 割(わ)る

A:

B:

새로 나온 말

新車(しんしゃ): 새 차　汚(よご)す: 더럽히다　(好(す)きな 人(ひと)を)取(と)る: 빼앗다　ガラス: 유리

MEMO

10

地震(じしん)が 起(お)こったら、 すぐ 避難(ひなん)させます

※ 테마 독해: 緊急地震速報(きんきゅうじしんそくほう)

※ 주요 학습 내용:

1. 地震(じしん)が 起(お)こったら、すぐ 避難(ひなん)させます。

2. 妹(いもうと)に 台所(だいどころ)の 火(ひ)を 消(け)させます。

테마 독해

※ 다음 글을 읽고 질문에 답해 봅시다.

- 緊急地震速報 -

地震の 揺れの 波は P波(Primary wave)と S波(Secondary wave)に分かれます。P波の ほうが S波より 早く 伝わります。被害が 大きいのは S波の ほうです。この 伝わる スピードの 差を 利用して S波が伝わる 前に 知らせるのが「緊急地震速報」です。大きく 揺れる 前に地震が 起こる ことを 知らせるのです。

緊急地震速報は テレビや ラジオ、携帯電話などで 発表されます。「緊急地震速報です。強い 揺れに 注意して ください。」速報の 音楽が鳴ったら、台所の 火を 消して 丈夫な 机の 下に 隠れましょう。

내용 체크

※ 본문을 읽고, 맞는 것에 ○를 하세요.

① p波と S波とは 地震の 揺れの 波の ことです。

② S波より p波の ほうが 地震の 被害が 大きいです。

③ 速報の 音楽が 鳴ったら、すぐ 外に 出ます。

포인트 회화

① A: もし 地震が 起こったら、家族に 何を させますか。

B: すぐ 避難させます。

② A: 地震速報が 鳴りました。 どうしますか。

B: 妹に 台所の 火を 消させます。

새로 나온 말

緊急地震速報 : 긴급지진속보
P波 : P파(지진파의 하나)
被害 : 피해
揺れる : 흔들리다
注意する : 주의하다
隠れる : 숨다
揺れ : 흔들림, 진동
S波 : S파(지진파의 하나)
スピード : 스피드
知らせる : 알리다
鳴る : 울리다
避難する : 피난하다
波 : 파동 / 물결
伝わる : 전해지다
差 : 차이
ラジオ : 라디오
消す : 끄다

문법익히기

1 사역형 (~せる / ~させる)

사역형이란 다른 사람에게 '~시키다 / ~하게 하다'라는 뜻을 나타낸다. 접속방법은 다음과 같다.

		기본형	사역형
1그룹 동사	あ단 + せる 예외 う → わ	消(け)す	消(け)させる
		選(えら)ぶ	選(えら)ばせる
		怒(おこ)る	怒(おこ)らせる
		通(かよ)う	通(かよ)わせる
2그룹 동사	~~る~~ + させる	着(き)る	着(き)させる
		片付(かたづ)ける	片付(かたづ)けさせる
3그룹 동사	–	来(く)る	来(こ)させる
		連絡(れんらく)する	連絡(れんらく)させる

2 명사を + 사역형

지시를 받는 직접적인 대상을 조사 を로 나타낸다.

> 生徒(せいと)が 立(た)ちます。
> ↓ ↓
> 先生(せんせい)は 生徒(せいと)を 立(た)たせます。

コーチは 選手(せんしゅ)を 走(はし)らせます。

上司(じょうし)は 部下(ぶか)を すぐ 帰(かえ)らせました。

私(わたし)は 子供(こども)を アメリカに 留学(りゅうがく)させたいです。

3 명사に + 명사を + 사역형

지시를 받는 직접적인 대상을 조사 に로, 구체적인 지시 내용을 を로 나타낸다.

学生(がくせい)が 答(こた)えを 言(い)います。

↓ ↓ ↓

教師(きょうし)は 学生(がくせい)に 答(こた)えを 言(い)わせます。

先輩(せんぱい)は 後輩(こうはい)に ボールを 打(う)たせます。

店長(てんちょう)は 店員(てんいん)に 窓(まど)を 拭(ふ)かせました。

私(わたし)は 子供(こども)に 栄養(えいよう)が ある ものを 食(た)べさせたいです。

4 확인하기(사역형)

예와 같이 빈칸에 알맞은 말을 써 봅시다.

1그룹 동사	예) 飲(の)む	→ 飲(の)ませる	驚(おどろ)く	→ ( )
	待(ま)つ	→ ( )	笑(わら)う	→ ( )
2그룹 동사	見(み)る	→ ( )	信(しん)じる	→ ( )
	覚(おぼ)える	→ ( )	別(わか)れる	→ ( )
3그룹 동사	来(く)る	→ ( )	注意(ちゅうい)する	→ ( )

새로 나온 말

選(えら)ぶ : 고르다, 선택하다　怒(おこ)る : 화나다　コーチ : 코치

上司(じょうし) : 상사　部下(ぶか) : 부하　答(こた)え : 답　ボール : 공

打(う)つ : 치다　店長(てんちょう) : 점장　拭(ふ)く : 닦다　栄養(えいよう) : 영양

驚(おどろ)く : 놀라다　信(しん)じる : 믿다　別(わか)れる : 헤어지다

연습 문제

1 다음 예와 같이 쓰고 대화해 봅시다.

예 自由(じゆう)に 遊(あそ)ぶ

A: もし 親(おや)だったら、子供(こども)に 何(なに)を させますか。

B: 自由(じゆう)に 遊(あそ)ばせます。

① 毎日(まいにち) 復習(ふくしゅう)する

A: もし 先生(せんせい)だったら、学生(がくせい)に 何(なに)を させますか。

B:

② 週末(しゅうまつ)は ゆっくり 休(やす)む

A: もし 社長(しゃちょう)だったら、社員(しゃいん)に 何(なに)を させますか。

B:

③ 毎日(まいにち) 「愛(あい)してる」と 言(い)う

A: もし 結婚(けっこん)したら、妻(つま)(夫(おっと))に 何(なに)を させますか。

B:

④ 私(わたし)の 代(か)わりに 働(はたら)く

A: もし 家(いえ)に ロボットが いたら、何(なに)を させますか。

B:

새로 나온 말

自由(じゆう)に: 자유롭게　　親(おや): 부모　　ゆっくり: 푹, 천천히　　愛(あい)する: 사랑하다
代(か)わりに: 대신에

연습
문제

2 다음 예와 같이 쓰고 대화해 봅시다.

예 お腹が すいた / 妹が ラーメンを 作る

A: お腹が すきました。 どうしますか。

B: 妹に ラーメンを 作らせます。

① 教室が 暑い / 生徒が 窓を 開ける

A:

B:

② 部屋が 汚い / 子供が 掃除を する

A:

B:

③ 仕事が 忙しい / 後輩が 仕事を 手伝う

A:

B:

④ のどが 乾いた / 秘書が コーヒーを 入れる

A:

B:

새로 나온 말

お腹が すく: 배가 고프다　　秘書: 비서　　コーヒーを 入れる: 커피를 타다

MEMO

11

友だちと USJで 遊ぶつもりです

* 테마 독해: 変な ホテル
* 주요 학습 내용:

  1. ディズニーランドの 年間パスポートを 買おうと 思います。
  2. 日曜日は 友だちと USJで 遊ぶつもりです。
  3. ハウステンボスの イベントは 来週 始まる 予定です。

테마 독해

※ 다음 글을 읽고 질문에 답해 봅시다.

- 変な ホテル -

長崎の ハウステンボスに 面白い ホテルが あります。名前は「変なホテル」です。ロボットが 受付を したり 荷物を 運んだり します。2015年 3月に ハウステンボスに できました。恐竜の 形の ロボットが 受付を して いる 様子は テレビでも 放送されました。 この ロボットたちの おかげで、30人 いた 従業員を 7人まで 減らす ことが できたそうです。

「変なホテル」は 2017年に 舞浜などにも できました。初めて 人の 代わりに ロボットが 働いた ホテルとして ギネス世界記録に 認められて います。

내용 체크

※ 본문을 읽고, 맞는 것에 ○를 하세요.

① 「変なホテル」は ハウステンボスにしか ありません。

② 「変なホテル」では 恐竜が 受付を して います。

③ ロボットの おかげで 従業員を 30人に 減らしました。

포인트 회화

① A: ディズニーランドの 年間(ねんかん)パスポートは もう 買(か)いましたか。

B: いいえ、まだです。 今度(こんど) 買(か)おうと 思(おも)います。

② A: 日曜日(にちようび)は 何を しますか。

B: 友(とも)だちと USJで 遊(あそ)ぶつもりです。

③ A: ハウステンボスの イベントは いつ 始(はじ)まりますか。

B: 来週(らいしゅう) 始(はじ)まる 予定(よてい)です。

새로 나온 말

変(へん)だ : 이상하다　長崎(ながさき) : 나가사키(지명)　ハウステンボス : 나가사키 소재 테마파크

恐竜(きょうりゅう) : 공룡　形(かたち) : 형태　様子(ようす) : 모습　放送(ほうそう)する : 방송하다

おかげで : 덕분에　従業員(じゅうぎょういん) : 종업원　減(へ)らす : 줄이다　舞浜(まいはま) : 마이하마(지명)

初(はじ)めて : 처음으로　ギネス世界記録(せかいきろく) : 기네스 세계 기록　認(みと)める : 인정하다

年間(ねんかん)パスポート : 연간 자유이용권　USJ : 유니버설 스튜디오 재팬　イベント : 이벤트

문법익히기

1 의지형 (~う / ~よう)

말하는 사람의 의지를 나타낸다. 접속방법은 다음 표와 같다.

		기본형	의지형
1그룹 동사	お단 + う	泳(およ)ぐ	泳(およ)ごう
		飲(の)む	飲(の)もう
		乗(の)る	乗(の)ろう
		会(あ)う	会(あ)おう
2그룹 동사	~~る~~ + よう	起(お)きる	起(お)きよう
		寝(ね)る	寝(ね)よう
3그룹 동사	–	来(く)る	来(こ)よう
		運動(うんどう)する	運動(うんどう)しよう

勉強(べんきょう)、頑張(がんば)ろう。

先生(せんせい)に 聞(き)いて みよう。

2 의지형 + と思う

'~라고 생각한다'라는 뜻을 나타낸다.

大学(だいがく)を 卒業(そつぎょう)したら、大学院(だいがくいん)に 進(すす)もうと 思います。

今晩(こんばん)、旅行(りょこう)の 計画(けいかく)を 立(た)てようと 思(おも)います。

3 기본형 + つもりだ

'~할 생각(작정)이다'라는 뜻을 나타낸다.

来週まで 彼女の 返事を 待つつもりです。

12月に 日本語の 試験を 受けるつもりです。

4 기본형 + 予定だ

'~할 예정이다'라는 뜻을 나타낸다.

札幌に 行って 雪祭りを 見る 予定です。

明日は 朝 7時に 出発する 予定です。

5 확인하기(의지형)

예와 같이 빈칸에 알맞은 말을 써 봅시다.

1그룹 동사	예) 働く → 働こう	渡す → (　　)
	休む → (　　)	買う → (　　)
2그룹 동사	降りる → (　　)	知らせる → (　　)
3그룹 동사	来る → (　　)	準備する → (　　)

새로 나온 말

頑張る : 힘내다, 열심히 하다　たぶん : 아마　大学院 : 대학원　進む : 진학하다
計画 : 계획　立てる : 세우다　返事 : 답변　試験を 受ける : 시험을 치다
札幌 : 삿포로(일본의 도시명)　雪祭り : 눈축제(삿포로에서 열리는 축제)
準備する : 준비하다

연습 문제

1 다음 예와 같이 쓰고 대화해 봅시다.

예 メール / 送(おく)る / 今(いま)から

A: メールは もう 送(おく)りましたか。

B: いいえ、まだ 送(おく)って いません。 今(いま)から 送(おく)ろうと 思(おも)います。

① 図書館(としょかん)の 本(ほん) / 返(かえ)す / 明日(あした)

A:

B:

② 車(くるま)の 免許(めんきょ) / 取(と)る / 夏休(なつやす)みに

A:

B:

③ 履歴書(りれきしょ) / 書(か)く / 今日(きょう)の 午後(ごご)

A:

B:

④ 沖縄(おきなわ)の ホテル / 予約(よやく)する / 来週(らいしゅう)

A:

B:

새로 나온 말

返(かえ)す: 돌려주다　　履歴書(りれきしょ): 이력서　　沖縄(おきなわ): 오키나와(지명)

연습 문제

2 다음 예와 같이 쓰고 대화해 봅시다.

예 恋人と 映画を 見る

A: 週末は 何を しますか。

B: 恋人と 映画を 見るつもりです。

① 韓国に 帰る

A: 夏休みは 何を しますか。

B:

② みんなで ご飯を 食べる

A: 授業が 終わったら、何を しますか。

B:

③ 全部 貯金する

A: ボーナスは 何に 使いますか。

B:

④ 資格を 取る

A: アルバイトを 辞めて、何を しますか。

B:

새로 나온 말

貯金する: 저금하다　　ボーナス: 보너스　　資格を 取る: 자격을 취득하다

연습문제

3 다음 예와 같이 쓰고 대화해 봅시다.

예 いつ 京都(きょうと)に 出張(しゅっちょう)する / 来週(らいしゅう)の 火曜日(かようび)

A: いつ 京都(きょうと)に 出張(しゅっちょう)しますか。

B: 来週(らいしゅう)の 火曜日(かようび)に 出張(しゅっちょう)する 予定(よてい)です。

① 会議(かいぎ)は 何時(なんじ)に 終(お)わる / 午後(ごご) 5時(じ)

A:

B:

② 明日(あした)は 誰(だれ)に 会(あ)う / 大学(だいがく)の 後輩(こうはい)

A:

B:

③ 飛行機(ひこうき)は 何時(なんじ)に 着(つ)く / 午前(ごぜん) 10時(じ)

A:

B:

④ 今日(きょう)は どこに 泊(と)まる / 京都駅(きょうとえき)の 近(ちか)く

A:

B:

새로 나온 말

京都(きょうと): 교토(도시명)　　泊(と)まる: 묵다, 숙박하다　　近(ちか)く: 근처

12

AKB48は かわいいので、人気が あります

❋ 테마 독해: アイドル韓日比較

❋ 주요 학습 내용:

1. AKB48は かわいいので、人気が あります。
2. お金を 払ったのに、チケットが まだ 届きません。
3. 嵐は かっこいいし、面白いし、いい グループだと 思います。

테마 독해

※ 다음 글을 읽고 질문에 답해 봅시다.

- アイドル韓日比較(かんにちひかく) -

韓国(かんこく)と 日本(にほん)の アイドルを 比(くら)べて みましょう。 まず、韓国(かんこく)の アイドルは 背(せ)が 高(たか)くて スタイルも いいです。日本(にほん)の アイドルは、背(せ)や スタイルは あまり 関係(かんけい)が なくて 「個性的(こせいてき)」です。

つぎに、韓国(かんこく)の アイドルは 若(わか)い 独身(どくしん)の ファンが 多(おお)いです。日本(にほん)の アイドルは 小学生(しょうがくせい)から 50代(だい)の おじさん、おばさんまで ファンの 幅(はば)が 広(ひろ)いです。

また、韓国(かんこく)の アイドルは 訓練(くんれん)を 重(かさ)ねて デビューしますが、日本(にほん)の アイドルは 「スカウト」されて デビューする ことが 多(おお)いです。

내용 체크

※ 본문을 읽고, 맞는 것에 ○를 하세요.

① 日本(にほん)の アイドルは、背(せ)が 高(たか)くて スタイルも いいです。

② 韓国(かんこく)の アイドルは ファンの 幅(はば)が 広(ひろ)いです。

③ 訓練(くんれん)を 重(かさ)ねて デビューするのは 日本(にほん)の アイドルです。

포인트 회화

① A: AKB48は 人気(にんき)が ありますね。

B: はい。 かわいいので、人気(にんき)が あります。

② A: コンサートの チケットが まだ 届(とど)きませんね。

B: はい。 お金(かね)を 払(はら)ったのに、まだ 届(とど)きません。

③ A: 嵐(あらし)は どうですか。

B: かっこいいし、面白(おもしろ)いし、いい グループだと 思(おも)います。

새로 나온 말

アイドル: 아이돌	韓日比較(かんにちひかく): 한일비교	比(くら)べる: 비교하다	個性的(こせいてき): 개성적
ファン: 팬	独身(どくしん): 독신	~代(だい): ~대	幅(はば)が 広(ひろ)い: 폭이 넓다
訓練(くんれん): 훈련	重(かさ)ねる: 거듭하다	デビュー: 데뷔	スカウト: 스카우트
AKB48: 일본의 인기 여자 아이돌 그룹		チケット: 티켓	届(とど)く: 도착하다
払(はら)う: 지불하다	嵐(あらし): 아라시(일본의 인기 남자 그룹)		グループ: 그룹

문법익히기

1 ~ので

~ので는 순접, 원인, 이유를 나타내는 표현으로, '~이므로, ~이기 때문에'라는 의미를 나타낸다. 동사와 **い**형용사의 보통형에 연결하며, **な**형용사의 어간과 명사에는 **な**를 붙여 **なので**로 사용한다.

명 사 : 学生(がくせい)	な だった じゃ ない じゃ なかった	+ ので
な형용사 : 暇(ひま)	な だった じゃ ない じゃ なかった	+ ので
い형용사 : 安(やす)	い かった く ない く なかった	+ ので
동 사 : 練習(れんしゅう)	する した しない しなかった	+ ので

今日(きょう)は 曇(くも)り**なので**、星(ほし)は 見(み)えないと 思(おも)います。

服(ふく)が 同(おな)じ**だったので**、まるで 双子(ふたご)の ようでした。

コーヒーが 苦かったので、砂糖を 入れました。

お金を 拾ったので、交番に 届けました。

2 ~のに

~のに는 역접을 나타내는 표현으로 '~인데도, ~임에도(불구하고)'라는 의미를 나타낸다. **~ので** 용법과 연결방법이 같다.

日曜日だったのに、人は ほとんど いませんでした。

彼女は きれいなのに、彼氏が いません。

今日は 寒かったのに、上着を 着ませんでした。

忘れ物を したのに、叱られませんでした。

3 보통형 + し

~し ~し는 두 개 이상의 사실을 열거하거나 원인, 이유를 나열할 때 쓰는 표현으로 '~하고 ~하고(해서)'라는 의미를 나타내며 주로 동사와 형용사의 보통형에 연결된다.

この カメラは 軽いし、使い方も 簡単だし、値段も 安いです。

今日は 日曜日だし、用事も ないし、出かけたく ありません。

새로 나온 말

曇り : 흐림　　星 : 별　　同じだ : 같다　　砂糖 : 설탕　　拾う : 줍다

届ける : 신고하다　　ほとんど : 거의　　上着 : 겉옷　　忘れ物を する : 물건을 잊다

叱る : 야단치다　　用事 : 볼 일

연습 문제

1 다음 예와 같이 쓰고 대화해 봅시다.

예 雨(あめ)です

A: 今日(きょう)の 試合(しあい)は 中止(ちゅうし)ですね。

B: はい。 雨(あめ)なので、試合(しあい)は 中止(ちゅうし)です。

① 田舎(いなか)です

A: ここは 物価(ぶっか)が 安(やす)いですね。

B:

② 交通(こうつう)が 不便(ふべん)です

A: 先週(せんしゅう) 引(ひ)っ越(こ)しましたね。

B:

③ 安(やす)くて おいしいです

A: この 店(みせ)は いつも 人(ひと)が いっぱいですね。

B:

④ タクシーで 行(い)きました

A: 講義(こうぎ)に 間(ま)に 合(あ)いましたね。

B:

새로 나온 말

田舎(いなか): 시골　　物価(ぶっか): 물가　　いっぱい: 가득　　講義(こうぎ): 강의

2 다음 예와 같이 쓰고 대화해 봅시다.

예 咳が 止まりません / 薬を 飲みました

A: 咳が 止まらないんですか。

B: はい。 薬を 飲んだのに、止まらないんです。

① 眠いです / ゆうべ 早く 寝ました

A:

B:

② 転びました / ゆっくり 歩きました

A:

B:

③ 泥棒が 入りました / かぎを かけました

A:

B:

④ 切符が 出て きません / ボタンを 押しました

A:

B:

새로 나온 말

咳: 기침　　**止まる**: 멈추다, 서다　　**転ぶ**: 넘어지다

かぎを かける: (열쇠로) 문을 잠그다　　**ボタン**: 버튼, 단추

연습 문제

3 다음 예와 같이 쓰고 대화해 봅시다.

> **예** 水(みず)も　おいしいです / 空気(くうき)も　きれいです / いい　町(まち)です
>
> A: この　町(まち)は　どうですか。
>
> B: 水(みず)も　おいしいし、空気(くうき)も　きれいだし、いい　町(まち)だと　思(おも)います。

① 広(ひろ)いです / 静(しず)かです / 景色(けしき)も　最高(さいこう)です

A: この　ホテルは　どうですか。

B:

② 暖(あたた)かいです / 丈夫(じょうぶ)です / 値段(ねだん)も　ちょうど　いいです

A: その　セーターは　どうですか。

B:

③ コンビニも　近(ちか)いです / 交通(こうつう)も　便利(べんり)です / 住(す)みやすいです

A: この　アパートは　どうですか。

B:

④ おいしく　ないです / 高(たか)いです / 店員(てんいん)も　親切(しんせつ)じゃ　ありません

A: あの　カフェは　どうですか。

B:

새로 나온 말

最高(さいこう): 최고　　空気(くうき): 공기　　アパート: 아파트　　カフェ: 카페

부록

【1】 히라가나 50음도

あ a	い i	う u	え e	お o	
か ka	き ki	く ku	け ke	こ ko	
さ sa	し shi	す su	せ se	そ so	
た ta	ち chi	つ tsu	て te	と to	
な na	に ni	ぬ nu	ね ne	の no	
は ha	ひ hi	ふ fu	へ he	ほ ho	
ま ma	み mi	む mu	め me	も mo	
や ya		ゆ yu		よ yo	
ら ra	り ri	る ru	れ re	ろ ro	
わ wa				を o	ん N

【2】 탁음(濁音(だくおん))

が ga	ぎ gi	ぐ gu	げ ge	ご go
ざ za	じ ji	ず zu	ぜ ze	ぞ zo
だ da	ぢ ji	づ zu	で de	ど do
ば ba	び bi	ぶ bu	べ be	ぼ bo

【3】 반탁음(半濁音(はんだくおん))

ぱ pa	ぴ pi	ぷ pu	ぺ pe	ぽ po

【4】 요음(拗音)

きゃ kya	きゅ kyu	きょ kyo
しゃ sha	しゅ shu	しょ sho
ちゃ cha	ちゅ chu	ちょ cho
にゃ nya	にゅ nyu	にょ nyo
ひゃ hya	ひゅ hyu	ひょ hyo
みゃ mya	みゅ myu	みょ myo
りゃ rya	りゅ ryu	りょ ryo

ぎゃ gya	ぎゅ gyu	ぎょ gyo
じゃ ja	じゅ ju	じょ jo
ぢゃ ja	ぢゅ ju	ぢょ jo
びゃ bya	びゅ byu	びょ byo

ぴゃ pya	ぴゅ pyu	ぴょ pyo

【5】 촉음 (促音)

① [k](ㄱ) ーか행 앞에 올 때

よっか(4일)、**さっき**(아까)、**ゆっくり**(천천히)、**せっけん**(비누)、**いっこ**(한 개)

② [s](ㅅ) ーさ행 앞에 올 때

いっさつ(한권)、**ざっし**(잡지)、**まっすぐ**(곧장)、**けっせき**(결석)、**しっそ**(검소함)

③ [t](ㄷ) ーた행 앞에 올 때

いった(갔다)、**こっち**(이쪽)、**みっつ**(셋)、**きって**(우표)、**もっと**(더)

④ [p](ㅂ) ーぱ행 앞에 올 때
やっぱり(역시)、すっぴん(맨 얼굴)、きっぷ(표)、てっぺん(꼭대기)、
いっぽん(한 병)

【6】발음 (撥音(はつおん))

① [m](ㅁ) ーま행, ば행, ぱ행 앞에 올 때
せんもん(전문)、ぜんぶ(전부)、えんぴつ(연필)

② [n](ㄴ) ーな행, だ행, た행, さ행, ざ행, ら행 앞에 올 때
あんない(안내)、ほんだな(책장)、せんたく(세탁)、たんす(옷장)、
かんじ(한자)、べんり(편리함)

③ [ŋ](ㅇ) ーあ행, は행, か행, が행, わ행, や행 앞에 올 때와 말의 끝에 올 때
せんえん(천엔)、まんねんひつ(만년필)、てんき(날씨)、おんがく(음악)、
でんわ(전화)、ほんや(서점)、にほん(일본)

【7】장음 (長音(ちょうおん))

① あ단 + あ
おかあさん(어머니)、おばあさん(할머니)

② い단 + い
おにいさん(형, 오빠)、おじいさん(할아버지)

③ う단 + う
くうき(공기)、ふうふ(부부)

④ え단 + え
おねえさん(누나, 언니)

え단＋い

とけい(시계)、えいご(영어)、せんせい(선생님)

⑤ お단＋お

とおい(멀다)、おおきい(크다)

お단＋う

いもうと(여동생)、ひこうき(비행기)、きょう(오늘)

【8】 가타카나 50음도

ア a	イ i	ウ u	エ e	オ o	
カ ka	キ ki	ク ku	ケ ke	コ ko	
サ sa	シ shi	ス su	セ se	ソ so	
タ ta	チ chi	ツ tsu	テ te	ト to	
ナ na	ニ ni	ヌ nu	ネ ne	ノ no	
ハ ha	ヒ hi	フ fu	ヘ he	ホ ho	
マ ma	ミ mi	ム mu	メ me	モ mo	
ヤ ya		ユ yu		ヨ yo	
ラ ra	リ ri	ル ru	レ re	ロ ro	
ワ wa				ヲ o	ン N

【9】 가타카나의 여러 표기

① 청음, 탁음, 반탁음

カメラ(카메라), ドア(문), ガラス(유리), ピアノ(피아노)

② 촉음

コップ(컵), スリッパ(슬리퍼), ポケット(주머니), ソックス(양말)

③ 발음

ボタン(단추), **ハンカチ**(손수건), **パソコン**(컴퓨터), **コンビニ**(편의점)

④ 장음

コピー(복사), **ノート**(노트), **デパート**(백화점), **サッカー**(축구), **コーヒー**(커피)

⑤ 요음

シャツ(셔츠), **コンピューター**(컴퓨터), **パーティー**(파티), **フォーク**(포크)

【10】 명사의 활용(현재)

① ~は~です。 ~입니다

・私(わたし)は 学生(がくせい)です。 나는 학생입니다.

・田中(たなか)さんは 先生(せんせい)です。 다나카 씨는 선생님입니다.

② ~は~ですか。 ~입니까?

・あなたは 医者(いしゃ)ですか。 당신은 의사입니까?

・パクさんは 会社員(かいしゃいん)ですか。 박 씨는 회사원입니까?

③ ~は ~では(じゃ) ありません。 ~이/가 아닙니다.

・彼(かれ)は 日本人(にほんじん)では ありません。 그는 일본인이 아닙니다.

・彼女(かのじょ)は 高校生(こうこうせい)じゃ ありません。
그녀는 고등학생이 아닙니다. (じゃ : 회화체)

【11】 ~の의 용법

① 소유 또는 소속의 주체를 나타낸다.

・私(わたし)の くつです。 나의 신발입니다. (소유)

・私(わたし)は 韓国大学(かんこくだいがく)の 学生(がくせい)です。 나는 한국대학의 학생입니다. (소속)

② 속성을 나타낸다.

・黒(くろ)の ネクタイです。 검은 넥타이입니다.

③ 동격의 의미로 사용된다.

・課長(かちょう)の キムさんです。 과장인 김 씨입니다.

④ の 다음 명사의 생략

・その かばんは 先生(せんせい)のです。 그 가방은 선생님 것입니다.

【12】 지시대명사 : こそあど

こ ー 근칭 : 말하는 사람에게 가까운 시점에서 이야기함.
そ ー 중칭 : 상대방에게 가까운 시점에서 이야기함.
あ ー 원칭 : 양쪽으로부터 먼 시점에서 이야기함.
ど ー 부정칭 : 특별히 정해지지 않은 것을 이야기함.

	사람・사물	사물	장소	방향	상태
근칭(こ)	この	これ	ここ	こちら	こう
중칭(そ)	その	それ	そこ	そちら	そう
원칭(あ)	あの	あれ	あそこ	あちら	ああ
부정칭(ど)	どの	どれ	どこ	どちら	どう

【13】 숫자 읽기

0	1	2	3	❹	5	6	❼	8	❾	10	100	1000
ゼロ	いち	に	さん	<u>よん</u> し	ご	ろく	<u>なな</u> しち	はち	<u>きゅう</u> く	じゅう	ひゃく	せん

Tip 숫자 읽기 중 여러 가지로 읽는 숫자는 4, 7, 9가 있는데, 전화번호는 밑줄 그은 것처럼 읽는다.

【14】 시각 (~시~분)

1時	いちじ(한 시)
2時	にじ(두 시)
3時	さんじ(세 시)
✔ 4時	よじ(네 시)
5時	ごじ(다섯 시)
6時	ろくじ(여섯 시)
✔ 7時	しちじ(일곱 시)
8時	はちじ(여덟 시)
✔ 9時	くじ(아홉 시)
10時	じゅうじ(열 시)
11時	じゅういちじ(열한 시)
12時	じゅうにじ(열두 시)
何時	なんじ(몇 시)

1分	いっぷん(일 분)
2分	にふん(이 분)
3分	さんぷん(삼 분)
4分	よんぷん(사 분)
5分	ごふん(오 분)
6分	ろっぷん(육 분)
7分	ななふん(칠 분)
8分	はちふん・はっぷん(팔 분)
9分	きゅうふん(구 분)
10分	じゅっぷん(십 분)
20分	にじゅっぷん(이십 분)
30分	さんじゅっぷん(삼십 분)
40分	よんじゅっぷん(사십 분)
50分	ごじゅっぷん(오십 분)
何分	なんぷん(몇 분)

【15】い형동사의 활용

① 긍정 표현 ーい

・あの 家(いえ)は 大(おお)きい。 저 집은 크다.

・日本語(にほんご)は 面白(おもしろ)い。 일본어는 재미있다.

② 긍정 정중 표현 ーい ＋ です

・うさぎの 耳(みみ)は 長(なが)いです。 토끼 귀는 깁니다.

・数学(すうがく)の 先生(せんせい)は 優(やさ)しいです。 수학 선생님은 상냥합니다.

③ 부정 표현 ーく ＋ ない

예외 いい＋ない→よく ない

・今日(きょう)は あまり 寒(さむ)く ない。 오늘은 그다지 춥지 않다.

・あの 店(みせ)は あまり よく ない。 저 가게는 그다지 좋지 않다.

④ 부정 정중 표현 ーくない ＋ です

예외 よく ないです

・あの ビルは あまり 高(たか)く ないです。 저 빌딩은 그다지 높지 않습니다.

・佐藤(さとう)さんの 車(くるま)は 大(おお)きく ないです。 사토 씨 차는 크지 않습니다.

Tip 문장으로 표현할 경우에는 ーく ないです보다는 ーく ありません을 더 많이 사용한다.

⑤ い형용사 연결 ーくて

예외 よくて

・猫(ねこ)は 小(ちい)さくて かわいいです。 고양이는 작고 귀엽습니다.

・あの 郵便局(ゆうびんきょく)は 大(おお)きくて 人(ひと)が 多(おお)いです。 저 우체국은 크고 사람이 많습니다.

⑥ 명사 수식 ーい＋명사

・狭(せま)い 店(みせ) 좁은 가게

・背(せ)が 高(たか)い 人(ひと) 키가 큰 사람

【16】 중요한 い형용사

赤(あか)い	빨갛다	青(あお)い	파랗다
明(あか)るい	밝다	暗(くら)い	어둡다
暖(あたた)かい	따뜻하다	涼(すず)しい	시원하다
新(あたら)しい	새롭다	古(ふる)い	낡다
暑(あつ)い	덥다	寒(さむ)い	춥다
厚(あつ)い	두껍다	薄(うす)い	얇다
熱(あつ)い	뜨겁다	冷(つめ)たい	차갑다
甘(あま)い	달다	辛(から)い	맵다
嬉(うれ)しい	기쁘다	悲(かな)しい	슬프다
おいしい	맛있다	まずい	맛없다
多(おお)い	많다	少(すく)ない	적다
大(おお)きい	크다	小(ちい)さい	작다
遅(おそ)い	늦다	早(はや)い・速(はや)い	이르다, 빠르다
面白(おもしろ)い	재미있다	つまらない	지루하다
軽(かる)い	가볍다	重(おも)い	무겁다
白(しろ)い	희다	黒(くろ)い	검다
高(たか)い	높다	低(ひく)い	낮다
高(たか)い	비싸다	安(やす)い	싸다
楽(たの)しい	즐겁다	寂(さび)しい	쓸쓸하다
近(ちか)い	가깝다	遠(とお)い	멀다
強(つよ)い	강하다	弱(よわ)い	약하다
長(なが)い	길다	短(みじか)い	짧다
難(むずか)しい	어렵다	易(やさ)しい	쉽다
広(ひろ)い	넓다	狭(せま)い	좁다

深(ふか)い	깊다	浅(あさ)い	얕다
太(ふと)い	굵다	細(ほそ)い	가늘다
柔(やわ)らかい	부드럽다	固(かた)い	딱딱하다
良(よ)い・いい	좋다	悪(わる)い	나쁘다
危(あぶ)ない	위험하다	忙(いそが)しい	바쁘다
痛(いた)い	아프다	汚(きたな)い	더럽다
かわいい	귀엽다	すごい	굉장하다
すばらしい	훌륭하다	優(やさ)しい	상냥하다
若(わか)い	젊다		

【17】な형용사의 활용

① 긍정 표현 ー だ

・この 公園(こうえん)は きれいだ。 이 공원은 깨끗하다.

・キムさんは まじめだ。 김 씨는 성실하다.

② 긍정 정중 표현 ーだ → ーです

・ソウルの 地下鉄(ちかてつ)は 便利(べんり)です。 서울 지하철은 편리합니다.

・この 道具(どうぐ)は とても 大事(だいじ)です。 이 도구는 매우 중요합니다.

③ 부정 표현 ーだ → ーでは ない

・あの 山(やま)は あまり 有名(ゆうめい)では ない。 저 산은 그다지 유명하지 않다.

・この 本(ほん)は あまり 必要(ひつよう)じゃ ない。 이 책은 그다지 필요하지 않다.

④ 부정 정중 표현 ーではない ＋ です

・魚(さかな)は 好(す)きでは ないです。 생선은 좋아하지 않습니다.

・その 図書館(としょかん)は あまり 静(しず)かじゃ ないです。
그 도서관은 그다지 조용하지 않습니다.

Tip 문장으로 표현할 경우에는 **－では ないです**보다는 **－では ありません**을 더 많이 사용한다.

⑤ な형용사 연결 －だ → －で

- イム先生(せんせい)は 親切(しんせつ)で 優(やさ)しいです。 임 선생님은 친절하고 상냥합니다.
- この コンビニは きれいで 明るいです。 이 편의점은 깨끗하고 밝습니다.

⑥ 명사 수식 －だ → －な ＋ 명사

- 立派(りっぱ)な 病院(びょういん) 훌륭한 병원
- 大事(だいじ)な 友(とも)だち 소중한 친구

【18】 중요한 な형용사

簡単(かんたん)だ	간단하다	複雑(ふくざつ)だ	복잡하다
好(す)きだ	좋다	嫌(きら)いだ	싫다
便利(べんり)だ	편리하다	不便(ふべん)だ	불편하다

いやだ	싫다	大事(だいじ)だ	중요하다
きれいだ	예쁘다	大丈夫(だいじょうぶ)だ	괜찮다
急(きゅう)だ	급하다	大好(だいす)きだ	매우 좋아한다
結構(けっこう)だ	괜찮다	大切(たいせつ)だ	소중하다
元気(げんき)だ	건강하다	にぎやかだ	번화하다
盛(さか)んだ	번성하다	ハンサムだ	핸섬하다
静(しず)かだ	조용하다	暇(ひま)だ	한가하다
上手(じょうず)だ	능숙하다	下手(へた)だ	서투르다
親切(しんせつ)だ	친절하다	立派(りっぱ)だ	훌륭하다
心配(しんぱい)だ	걱정이다	まじめだ	성실하다
すてきだ	멋지다	有名(ゆうめい)だ	유명하다
大変(たいへん)だ	큰일이다		

【19】いくらですか 얼마입니까?

・この 鉛筆(えんぴつ)は いくらですか。 이 연필은 얼마입니까? (가격)

・いくつ 必要(ひつよう)ですか。 몇 개 필요합니까? (개수)

【20】물건을 세는 고유 표현

一つ	ひとつ(하나)
二つ	ふたつ(둘)
三つ	みっつ(셋)
四つ	よっつ(넷)
五つ	いつつ(다섯)
六つ	むっつ(여섯)
七つ	ななつ(일곱)
八つ	やっつ(여덟)
九つ	ここのつ(아홉)
十	とお(열)

【21】큰 금액 세기

	한 자리	두 자리	세 자리	네 자리	다섯 자리
1	いちえん	じゅうえん	ひゃくえん	せんえん	いちまんえん
2	にえん	にじゅうえん	にひゃくえん	にせんえん	にまんえん
3	さんえん	さんじゅうえん	さんびゃくえん	さんぜんえん	さんまんえん
4	よえん	よんじゅうえん	よんひゃくえん	よんせんえん	よんまんえん
5	ごえん	ごじゅうえん	ごひゃくえん	ごせんえん	ごまんえん
6	ろくえん	ろくじゅうえん	ろっぴゃくえん	ろくせんえん	ろくまんえん
7	ななえん	ななじゅうえん	ななひゃくえん	ななせんえん	ななまんえん
8	はちえん	はちじゅうえん	はっぴゃくえん	はっせんえん	はちまんえん
9	きゅうえん	きゅうじゅうえん	きゅうひゃくえん	きゅうせんえん	きゅうまんえん

【22】 사람의 수를 세는 고유 표현

1人	ひとり(한 사람)
2人	ふたり(두 사람)
3人	さんにん(세 사람)
4人	よにん(네 사람)
5人	ごにん(다섯 사람)
6人	ろくにん(여섯 사람)
7人	しちにん(일곱 사람)
8人	はちにん(여덟 사람)
9人	きゅうにん(아홉 사람)
10人	じゅうにん(열 사람)

【23】 ~(を)ください ~(을/를) 주세요

- この 牛乳(ぎゅうにゅう) ください。 이 우유 주세요.
- この 薬(くすり)を 二(ふた)つ ください。 이 약을 두 개 주세요.

【24】 ~と ~と どちらが ~와 ~중에 어느 쪽이

- 日本(にほん)と 韓国(かんこく)と どちらが 寒(さむ)いですか。 일본과 한국 중에 어느 쪽이 춥습니까?
  (두 가지를 비교할 때)
- この 中(なか)で どれが いいですか。 이 중에서 어느 것이 좋습니까?
  (세 가지 이상을 비교할 때)

【25】 ~より ~の ほうが ~보다 ~쪽이

- バスより 地下鉄(ちかてつ)の ほうが 便利(べんり)です。 버스보다 지하철 쪽이 편리합니다.
- 中国語(ちゅうごくご)より 日本語(にほんご)の ほうが うまいです。 중국어보다 일본어 쪽이 능숙합니다.

【26】~の 中で ~が 一番　~중에서 ~이/가 가장

・飲み物の 中で 紅茶が 一番 好きです。 음료 중에서 홍차를 가장 좋아합니다.

・スポーツの 中で テニスが 一番 上手です。

스포츠 중에서 테니스를 가장 잘합니다.

【27】い형용사의 과거형

① 과거 표현 ーかった

・今日の お祭りは とても 楽しかった。 오늘의 축제는 매우 즐거웠다.

・彼女の 料理は 本当に おいしかった。 그녀의 요리는 정말로 맛있었다.

② 과거 정중 표현 ーかった ＋ です

・イ先生の 猫は かわいかったです。 이 선생님의 고양이는 귀여웠습니다.

・さっきの 地震は とても 怖かったです。 아까 지진은 매우 무서웠습니다.

③ 과거 부정 표현 ーく なかった

・土曜日は あまり 忙しく なかった。 토요일은 그다지 바쁘지 않았다.

・その 国の 人口は 多く なかった。 그 나라의 인구는 많지 않았다.

④ 과거 부정 정중 표현 ーく なかった ＋ です

・歴史の テストは 難しく ありませんでした。 역사 시험은 어렵지 않았습니다.

・景色は あまり 美しく ありませんでした。

경치는 그다지 아름답지 않았습니다.

Tip 문장으로 표현할 때는 ーく なかったです보다 ーく ありませんでした를 더 많이 사용한다.

【28】な형용사, 명사의 과거형

① 과거 표현

な형용사: ーだった
명　　사: ーだった

・町(まち)は とても にぎやかだった。 마을은 매우 북적거렸다.

・昨日(きのう)、東京(とうきょう)は 晴(は)れだった。 어제 도쿄는 맑았다.

② 과거 정중 표현

な형용사: ーでした
명　　사: ーでした

・私(わたし)は 虫(むし)が 嫌(きら)いでした。 나는 벌레를 싫어했습니다.

・あの 建物(たてもの)は 郵便局(ゆうびんきょく)でした。 저 건물은 우체국이었습니다.

③ 과거 부정 표현

な형용사: ーでは なかった
명　　사: ーでは なかった

・店(みせ)は あまり 静(しず)かでは なかった。 가게는 그다지 조용하지 않았다.

・友(とも)だちの 話(はなし)は うそじゃ なかった。 친구의 이야기는 거짓이 아니었다.

④ 과거 부정 정중 표현

な형용사: ーでは なかったです
명　　사: ーでは なかったです

・駅(えき)の トイレは あまり きれいでは なかったです。
역의 화장실은 그다지 깨끗하지 않았습니다.

・これは パクさんの 財布(さいふ)じゃ ありませんでした。
이것은 박씨의 지갑이 아니었습니다.

【29】 요일

日	月	火	水	木	金	土	何
にち	げつ	か	すい	もく	きん	ど	なん

➕ 曜日 (ようび)

【30】 동사의 기본형 분류

일본어의 동사는 모두 **う**단으로 끝난다.

I 그룹 동사 (5단 동사)

- −**る** 이외의 **う**단인 경우 : **買う**(사다) **聞く**(듣다/묻다) **飲む**(마시다)
- −**る**로 끝나지만 앞 모음이 **あ**단 · **う**단 · **お**단인 경우
  : **かかる**(걸리다) **作る**(만들다) **撮る**(찍다)

II 그룹 동사 (상1단, 하1단 동사)

- −**る**로 끝나고 동시에, −**る** 앞 모음이 **い**단 · **え**단인 경우
  : **見る**(보다) **起きる**(일어나다) **寝る**(자다) **食べる**(먹다)

III 그룹 동사 (변격 동사)

- 불규칙 활용 동사 : **来る**(오다) **する**(하다)

【31】 동사의 긍정 정중 표현 : −**ます**형 −ㅂ니다

I 그룹 동사 − 어미를 **い**단 활용 시킨 후 −**ます** 활용형을 붙인다.

- **買う**(사다) → **買います**(삽니다) · **かかる**(걸리다) → **かかります**(걸립니다)

예외 I Group

동사 − **帰る**(돌아가다)、**走る**(달리다)、**知る**(알다)、**切る**(자르다)、
入る(들어가다)

Ⅱ그룹 동사 — 어미를 떼고, **ます** 활용형을 붙인다.

- **見る**(보다) → **見ます**(봅니다) · **寝る**(자다) → **寝ます**(잡니다)

Ⅲ 그룹 동사 — 불규칙 활용

- **来る**(오다) → **来ます**(옵니다) · **する**(하다) → **します**(합니다)

【32】 부정 정중 표현: ーません형 –지 않습니다

Ⅰ 그룹 동사ー어미를 **い**단 활용시킨 후 ー**ません** 활용형을 붙인다.

- **聞く**(듣다) → **聞きません**(듣지 않습니다)
- **作る**(만들다) → **作りません**(만들지 않습니다)

Ⅱ그룹 동사ー어미 떼고, ー**ません** 활용형을 붙인다.

- **起きる**(일어나다) → **起きません**(일어나지 않습니다)
- **食べる**(먹다) → **食べません**(먹지 않습니다)

Ⅲ 그룹 동사 — 불규칙 활용

- **来る**(오자) → **来ません**(오지 않습니다)
- **する**(하다) → **しません**(하지 않습니다)

【33】 존재 동사: ありますˌ います ー있습니다

사물의 존재를 나타내는 ー**ある**와 사람이나 동물의 존재를 나타내는 ー**いる**로 구분된다.

- **駅の 中に コンビニが あります。** 역 안에 편의점이 있습니다.
- **バス停の 前に 佐藤さんが います。** 버스정류장 앞에 사토 씨가 있습니다.

Tip **ある(あります)**의 부정형은 **ない(ありません)**, **いる(います)**의 부정형은 **いない(いません)**이다.

【34】 위치명사

上(うえ)	위	下(した)	아래	前(まえ)	앞	後(うし)ろ	뒤
中(なか)	안	外(そと)	밖	横(よこ)	옆	隣(となり)	바로 옆
間(あいだ)	사이	右(みぎ)	오른쪽	左(ひだり)	왼쪽		

【35】 조수사

	枚(まい)(매)	冊(さつ)(권)	個(こ)(개)	階(かい)(층)	本(ほん)(병,송이)	匹(ひき)(마리)
1	いちまい	いっさつ	いっこ	いっかい	いっぽん	いっぴき
2	にまい	にさつ	にこ	にかい	にほん	にひき
3	さんまい	さんさつ	さんこ	さんがい・さんかい	さんぼん	さんびき
4	よんまい	よんさつ	よんこ	よんかい	よんほん	よんひき
5	ごまい	ごさつ	ごこ	ごかい	ごほん	ごひき
6	ろくまい	ろくさつ	ろっこ	ろっかい	ろっぽん	ろっぴき
7	ななまい	ななさつ	ななこ	ななかい	ななほん	ななひき
8	はちまい	はっさつ	はっこ・はちこ	はっかい・はちかい	はっぽん	はっぴき
9	きゅうまい	きゅうさつ	きゅうこ	きゅうかい	きゅうほん	きゅうひき
10	じゅうまい	じゅっさつ	じゅっこ	じゅっかい	じゅっぽん	じゅっぴき
何	なんまい	なんさつ	なんこ	なんがい・なんかい	なんぼん	なんびき

【36】 동사의 과거 정중 표현: ーました ー이었습니다

Ⅰ 그룹 동사 ― 어미를 い단으로 바꾼 후 '―ました'를 붙인다.

・遊(あそ)ぶ(놀다) → 遊(あそ)びました(놀았습니다)

・撮(と)る(찍다) → 撮(と)りました(찍었습니다)

Ⅱ 그룹 동사 ― 어미를 떼고 '―ました'를 붙인다.

・降(お)りる(내리다) → 降(お)りました(내렸습니다)

・出(で)かける(나가다) → 出(で)かけました(나갔습니다)

Ⅲ 그룹 동사 ㅡ 불규칙 활용

・来る(오다) → 来ました(왔습니다)　・する(하다) → しました(했습니다)

【37】 과거 정중 부정 표현: ーませんでした ー지 않았습니다

Ⅰ 그룹 동사ㅡ어미를 い단으로 바꾼 후 'ーませんでした'를 붙인다.

・貸す(빌려주다) → 貸しませんでした(빌려주지 않았습니다)

・売る(팔다) → 売りませんでした(팔지 않았습니다)

Ⅱ 그룹 동사ㅡ어미를 떼고, 'ーませんでした' 활용형을 붙인다.

・借りる(빌리다) → 借りませんでした(빌리지 않았습니다)

・答える(대답하다) → 答えませんでした(대답하지 않았습니다)

Ⅲ 그룹 동사 ㅡ 불규칙 활용

・来る(오다) → 来ませんでした(오지 않았습니다)

・する(하다) → しませんでした(하지 않았습니다)

【38】 ーに : ー하러

동사의 'ーます형' 또는 동작성 명사 접속하여 'ー하러'의 의미를 갖는다.

・川へ 遊びに 来ました。 강에 놀러 왔습니다.

・犬の 散歩に 行きました。 개를 산책시키러 갔습니다.

【39】 월

1	2	3	❹	5	6	❼	8	❾	10	11	12
いち	に	さん	し	ご	ろく	しち	はち	く	じゅう	じゅういち	じゅうに

＋ 月(がつ)

【40】 날짜

1日	ついたち
2日	ふつか
3日	みっか
4日	よっか
5日	いつか
6日	むいか
7日	なのか
8日	ようか
9日	ここのか
10日	とおか

11日	じゅういちにち	21日	にじゅういちにち
12日	じゅうにち	22日	にじゅうににち
13日	じゅうさんにち	23日	にじゅうさんにち
14日	じゅうよっか	24日	にじゅうよっか
15日	じゅうごにち	25日	にじゅうごにち
16日	じゅうろくにち	26日	にじゅうろくにち
17日	じゅうしちにち	27日	にじゅうしちにち
18日	じゅうはちにち	28日	にじゅうはちにち
19日	じゅうくにち	29日	にじゅうくにち
20日	はつか	30日	さんじゅうにち
		31日	さんじゅういちにち

【41】 ーたい -하고 싶다

동사의 활용형인 '－ます형'에 접속하여 말하는 사람의 소망을 나타내는 표현으로 '－하고 싶다'의 의미로 사용된다.

- 今夜(こんや)は 肉(にく)が 食(た)べたい。 오늘 밤은 고기를 먹고 싶다.
- 来年(らいねん) また 遊(あそ)びに 来(き)たいです。 내년에 또 놀러 오고 싶습니다.

【42】 -が ほしい ー를 갖고 싶다, ー이/가 필요하다

'ーほしい' 앞에 조사는 'が'를 사용하며, 희망을 나타내는 의미로 '-을 갖고 싶다'로 사용된다.

- 新(あたら)しい 靴下(くつした)が ほしい。 새로운 양말을 갖고 싶다.
- もっと 大(おお)きい 車(くるま)が ほしいです。 더 큰 차를 갖고 싶습니다.

【43】 의문사 + か

다음과 같은 의문사 **何, どこ, だれ, いつ**와 같은 조사에 '**か**'가 붙어 특별한 의미를 나타내기도 한다. 정해지지 않은 대상, 장소, 사람, 시기를 나타낼 때 사용한다. 부정의 경우 '**も**'를 붙여 사용한다.

- 何(なに)か 食(た)べましたか。 뭔가 먹었습니까?
  — 何(なに)も 食(た)べませんでした。 아무 것도 먹지 않았습니다.
- 誰(だれ)か いましたか。 누군가 있었습니까?
  — 誰(だれ)も いませんでした。 아무도 없었습니다.
- どこか 行(い)きましたか。 어딘가 갔습니까?
  どこも 行(い)きませんでした。 어디에도 가지 않았습니다.
- いつか 会(あ)いたいです。 언젠가 만나고 싶습니다.

【44】 때를 나타내는 표현

おととい 그저께	昨日(きのう) 어제	今日(きょう) 오늘	明日(あした)/明日(あす) 내일	あさって 모레
先々週(せんせんしゅう) 지지난 주	先週(せんしゅう) 지난 주	今週(こんしゅう) 이번 주	来週(らいしゅう) 다음 주	再来週(さらいしゅう) 다다음 주
先々月(せんせんげつ) 지지난 달	先月(せんげつ) 지난 달	今月(こんげつ) 이번 달	来月(らいげつ) 다음 달	再来月(さらいげつ) 다다음 달
おととし 지지난 해	去年(きょねん)/昨年(さくねん) 지난 해	今年(ことし) 올해	来年(らいねん) 내년	再来年(さらいねん) 내후년

【45】 설명요구: –んです

정중체 '–です'에 형식명사 'ん'이 들어간 형태로 '–んです'는 어떠한 사실이나 이유에 대하여 설명하거나 또는 상대에게 설명을 요구할 때 사용한다.

① 동사의 기본형 + んです

A: 今日も 図書館ですか。 오늘도 도서관입니까?

B: はい。 来週 テストが あるんです。 네. 다음 주 시험이 있어서요.

② い형용사 기본형 + んです

A: どうしたんですか。 왜 그러세요?

B: ちょっと 眠いんです。 조금 졸려서요.

③ な형용사 어간 + なんです .

A: 時間が かかりますね。 시간이 걸리네요.

B: ええ、この 問題 ちょっと 複雑なんです。 네, 이 문제 좀 복잡해서요.

④ 명사 + なんです

A: 今日は 家に いるんですね。 오늘은 집에 있네요.

B: ええ、仕事が 休みなんです。 네, 일이 쉬는 날이라서요.

TIP '-んですが'는 '-은데요'로 해석하며 전제의 용법으로 사용된다.

- 先生、ちょっと 質問が あるんですが……。

  선생님, 질문이 좀 있는데요.

- 牛乳を 買いたいんですが、この 辺に スーパーは ありませんか。

  우유를 사고 싶은데, 이 주변에 슈퍼는 없습니까?

【46】 -から ー 때문에

원인과 이유를 나타내는 조사이다.

- **い형용사** (할인점에 가는 이유는)

  値段が 安いからです。 가격이 싸기 때문입니다.

- **な형용사** (도서관에서 공부하는 이유는)

  周りが 静かだからです。 주변이 조용하기 때문입니다.

- **동사** (방 청소를 하는 이유는)

  友だちが 来るからです。 친구가 오기 때문입니다.

Tip 다음 예문과 같이 접속사로 문장 도중에 사용하기도 한다. 이 때 '**~ですから**'처럼 **から** 앞에 **~です** 또는 **~ます**가 오면 정중함이 더해진다.

- **暗いから(暗いですから)、電気を つけます。** 어둡기 때문에 불을 켭니다.
- **遅れるから(遅れますから)、タクシーで 行きます。**

  늦기 때문에 택시로 갑니다.

【47】 -ながら ー면서

동사의 '**ーます**형'에 접속하여 'ー면서'의 의미를 나타내며, 어떠한 동작의 '동시 진행'을 의미한다.

- **僕は 毎晩 音楽を 聞きながら 寝ます。**

  나는 매일 밤 음악을 들으면서 잡니다.

- **祖母は お茶を 飲みながら 昔の 話を します。**

  할머니는 차를 마시면서 옛날 이야기를 합니다.

【48】 권유 표현 I : ーませんか ー하지 않겠습니까?

I 그룹 동사ー어미를 **い**단으로 바꾼 후 '**ーませんか**'를 붙인다.

· 働く(일하다) → 働きませんか (일하지 않겠습니까?)

· 乗る(타다) → 乗りませんか (타지 않겠습니까?)

Ⅱ그룹 동사 － 어미를 떼고 '－ませんか'를 붙인다.

· 見る(보다) → 見ませんか (보지 않겠습니까?)

· 調べる(조사하다) → 調べませんか (조사하지 않겠습니까?)

Ⅲ 그룹 동사 － 불규칙 활용

· 来る(오다) → 来ませんか (오지 않겠습니까?)

· する(하다) → しませんか (하지 않겠습니까?)

【49】 권유 표현Ⅱ : －ましょう －합시다

· 明日、会場の 前で 会いましょう。 내일 회장 앞에서 만납시다.

· この 問題は イム先生に 相談しましょう。 이 문제는 임 선생님에게 의논합시다.

【50】 권유 표현Ⅲ : －ましょうか －할까요?

· ステーキを 食べに 行きましょうか。 스테이크를 먹으러 갈까요?

· 明日の 天気予報を 見ましょうか。 내일 일기예보를 볼까요?

Tip 위 세 가지 권유 표현 중 '－ませんか'가 가장 정중하게 들리며 다음으로 '－ましょうか'그 다음으로 '－ましょう'의 순이다.

【51】 기본형 + ことです －하는 것입니다

동사의 기본형에 こと(－의 것)를 붙여서 동사를 명사로 바꿀 수 있다.

· 私の 趣味は 食べることと 寝ることです。 나의 취미는 먹는 것과 자는 것입니다.

- 両親(りょうしん)の 楽(たの)しみは 孫(まご)に 会(あ)うことです。

  부모님의 즐거움은 손자를 만나는 것입니다.

【52】ーて형

동사의 기본형에 'ーて(하고, 해서)'를 붙일 때에 음편 현상이 일어난다. 음편(音便)이란 음을 편하게 하는 만드는 현상으로 1그룹 동사에서만 일어나며 다음과 같이 접속한다.

I 그룹 동사 ー 종류에 따라 활용법이 다르다.

이음편(イ音便): ーく → ーいて 、ーぐ → ーいで

- 書(か)く(쓰다) → 書(か)いて(쓰고, 써서)
- 泳(およ)ぐ(헤엄치다) → 泳(およ)いで(헤엄치고, 헤엄쳐서)
- 稼(かせ)ぐ(벌다) → 稼(かせ)いで(벌고, 벌어서)

발음편(撥音便): ーぬ、ーむ、ーぶ → ーんで

- 死(し)ぬ(죽다) → 死(し)んで(죽고, 죽어서)
- 飲(の)む(마시다) → 飲(の)んで(마시다, 마셔서)
- 呼(よ)ぶ(부르다) → 呼(よ)んで(부르고, 불러서)

촉음편(促音便): ーう、ーつ、ーる → ーって

- 言(い)う(말하다) → 言(い)って(말하고, 말해서)
- 立(た)つ(서다) → 立(た)って(서고, 서서)
- 移(うつ)る(옮기다) → 移(うつ)って(옮기고, 옮겨서)

* 예외 촉음편: 行く(가다) → 行って(가고, 가서)
그 밖의 동사: ーす → ーして

・話す(이야기하다) → 話して(이야기하고, 이야기해서)

Ⅱ그룹 동사 ― 어미를 떼고 'ーて'를 붙인다.

・起きる(일어나다) → 起きて(일어나고, 일어나서)

・教える(가르치다) → 教えて(가르치고, 가르쳐서)

Ⅲ 그룹 동사 ― 불규칙 활용

・来る(오다) → 来て(오고, 와서)　　・する(하다) → して(하고, 해서)

【53】'ーて'의 용법

①ーてーます (순차동작, 동시동작)

・순차동작: 朝ご飯を 食べて、学校へ 行きます。
아침밥을 먹고 학교에 갑니다.

・동시동작: めがねを かけて、勉強します。 안경을 쓰고 공부합니다.

②ーて (이유, 원인)

・雪が 降って、子どもが 喜びました。 눈이 와서 아이가 기뻐했습니다.

・道が 込んで、授業に 遅れました。 길이 막혀서 수업에 늦었습니다.

【54】ーて ください ー해 주십시오

・지시: 明日は 必ず 出席して ください。 내일은 반드시 출석해 주세요.

・부탁: すみませんが、ノートを 見せて ください。
미안하지만 노트를 보여 주세요.

・권유: どうぞ たくさん 食べて ください。 어서 많이 드세요.

【55】 ーて います ー하고 있습니다

① 현재 진행

・今、日記を 書いて います。 지금 일기를 쓰고 있습니다.

・空を 飛行機が 飛んで います。 하늘을 비행기가 날고 있습니다.

② 습관

・おじは 新聞社に 勤めて います。 삼촌은 신문사에 근무하고 있습니다.

・おばは 毎朝 公園を 散歩して います。

고모는 매일아침 공원을 산책하고 있습니다.

③ 결과의 지속

・コップに ジュースが 入って います。 컵에 주스가 들어 있습니다.

・田中さんは めがねを かけて います。 다나카씨는 안경을 쓰고 있습니다.

④ 현재의 상태

・弟は 父に 似て います。 남동생은 아버지를 닮았습니다.

・やせて います。 날씬합니다. ⇔ 太って います。 살쪘습니다.

【56】 まだ ーて いません 아직 ー하지 않았습니다

일본어에서는 어떤 행동이 아직 완료되지 않은 상태를 'まだ ーて いません' 표현으로 나타낸다. 우리말에서 과거형으로 표현하는 것과 다르다.

A : あの 映画は もう 見ましたか。 저 영화는 벌써 보았습니까?

B : いいえ、まだ 見て いません。 아니오, 아직 보지 않았습니다.

A : パソコンは もう 直りましたか。 컴퓨터는 벌써 고쳐졌습니까?

B : いいえ、まだ 直って いません。 아니오, 아직 고쳐지지 않았습니다.

【57】허가 표현: ーても いいです ー해도 됩니다

・この 紙を 使っても いいです。 이 종이를 써도 됩니다.

・プレゼントを 開けても いいですか。 선물을 열어봐도 됩니까?

【58】금지 표현: ーては いけません ー해서는 안 됩니다

・廊下を 走っては いけません。 복도를 달려서는 안 됩니다.

・うそを ついては いけません。 거짓말을 해서는 안 됩니다.

【59】완료 표현: ーて しまいました ー해 버렸습니다

완료를 나타내는 표현이다. 경우에 따라서 아쉬운 마음을 나타내기도 한다.

・一日で 全部 読んで しまいました。 하루 만에 모두 읽어 버렸습니다.

・手袋を 落として しまいました。 장갑을 떨어뜨려 버렸습니다.

【60】기본형＋ことが できます ー할 수 있습니다

모든 동사에 사용할 수 있는 가능표현으로 **こと** 앞에는 동사의 기본형을 붙인다.

・日本語の 作文を 書く ことが できます。 일본어 작문을 쓸 수 있습니다.

・ぶどうの ジャムを 作る ことが できます。 포도잼을 만들 수 있습니다.

【61】조사 정리

	뜻	예 문
は	~은/는	お仕事**は** 何ですか。
も	~도	木村さん**も** 会社員ですか。
の	~의 (소유)	私**の** くつです。
	~의 (속성)	黒**の** ネクタイです。
	~인 (동격)	課長**の** キムさんです。
	~의 것	その かばんは 友だち**の**です。

が	~이/가	この 店は トンカツが おいしいです。
	~지만/~다만	少し 小さいですが、便利です。
と	~와/과	歌と ダンスが 有名です。
を	~을/를	この 薬を 二つ ください。
へ	~로/~에 (방향)	海へ 泳ぎに 行きました。
に	~에 (도착지)	友だちと 学校に 行きます。
	~에 (시간)	毎朝 7時に ご飯を 食べます。
	~에 (상대)	先生に 電話を かけます。
で	~에서 (장소)	公園で 散歩を します。
	~로 (수단/방법)	地下鉄で 行きます。 / 日本語で 話します。
	기타	みんなで 花火を しました。
		一日で 読んで しまいました。
から	~부터/~에서	仕事は 9時からです。 家から 30分 かかりました。
	~때문에 (이유)	暗いから、電気を つけます。
まで	~까지	図書館は 午後 6時までです。

【62】 ーた형 (과거형)

ーた형은 ーて형과 활용 방법이 같다.

Ⅰ 그룹 동사 — 종류에 따라 활용법이 다르다.

이음편(イ音便): ーく → ーいた 、ーぐ → ーいだ

・泣く(울다) → 泣いた(울었다) ・泳ぐ(헤엄치다) → 泳いだ(헤엄쳤다)

발음편(撥音便): ーぬ、ーむ、ーぶ → ーんだ

・死ぬ(죽다) → 死んだ(죽었다) ・飲む(마시다) → 飲んだ(마셨다)

・運ぶ(운반하다) → 運んだ(운반했다)

촉음편(促音便): ーう、ーつ、ーる → ーった

・笑う(웃다) → 笑った(웃었다) ・立つ(서다) → 立った(섰다)

・困る(곤란하다) → 困った(곤란했다)

* 예외 촉음편: 行く(가다) → 行った(갔다)

그 밖의 동사: ーす → ーした

・返す(돌려주다) → 返した(돌려줬다)

Ⅱ그룹 동사 ー 어미를 떼고 'ーた'를 붙인다.

・着る(입다) → 着た(입었다) ・考える(생각하다) → 考えた(생각했다)

Ⅲ 그룹 동사 ー 불규칙 활용

・来る(오다) → 来た(왔다) ・する(하다) → した(했다)

【63】ーた ことがあります ー한 적이 있습니다

과거의 경험을 나타낸다.

・病気で 入院した ことが あります。 질병으로 입원한 적이 있습니다.

・あの 人に どこかで 会った ことが あります。

저 사람을 어딘가에서 만난 적이 있습니다.

【64】동사 기본형/명사＋の 前に ー하기 전에

・お風呂に 入る 前に、服を 脱ぎます。 목욕하기 전에 옷을 벗습니다.

・デートの 前に、化粧を します。 데이트 전에 화장을 합니다.

【65】 동사 た형＋後で / 명사＋の 後で

・レポートを 書いた 後で、メールで 送ります。

리포트를 쓴 후에 메일로 보냅니다.

・説明の 後で、質問します。 설명한 후에 질문합니다.

【66】 ーたりーたり します ー하거나 -하거나 합니다

た형에 연결하여 두 가지 이상의 상황을 나열할 때 쓴다.

・夜は 日記を 書いたり、小説を 読んだり します。

밤에는 일기를 쓰거나 소설을 읽거나 합니다.

・最近、雨が 降ったり やんだりします。 최근 비가 오기도 하고 안오기도 합니다.

【67】 ーた ばかりです 막 -했습니다

어떤 행동이 완료 된지 얼마 지나지 않았다는 마음을 나타낼 때 쓰는 표현이다.

・今朝、仕事が 終わった ばかりです。 오늘 아침 일이 막 끝났습니다.

・去年の 秋、引っ越した ばかりです。 작년 가을 막 이사를 했습니다.

【68】 부정 표현 :ーない형 ー지 않는다

'ーない'는 부정을 나타내는 조동사이며, 단독으로 사용되는 'ない(없다)'와는 구별된다.

Ⅰ 그룹 동사 ー어미를 あ단 활용시킨 후 ーない 활용형을 붙인다.

・頼む(부탁하다) → 頼まない(부탁하지 않다)

・太る(살찌다) → 太らない(살찌지 않다)

예외　違(ちが)う(틀리다) → 違(ちが)わない(틀리지 않다)

Ⅱ그룹 동사 －어미를 떼고, －**ない** 활용형을 붙인다.

・**降(お)りる**(내리다) → **降(お)りない**(내리지 않다)

・**植(う)える**(심다) → **植(う)えない**(심지 않다)

Ⅲ 그룹 동사 －불규칙 활용

・**来(く)る**(오다) → **来(こ)ない**(오지 않다)

・**する**(하다) → **しない**(하지 않다)

【69】 －ないで ください －하지 말아 주십시오

ない형에 접속하여 어떤 행동을 하지 않도록 부탁할 때 쓴다.

・出口(でぐち)に 立(た)たないで ください。 출구에 서지 말아 주세요.

・そんなに 心配(しんぱい)しないで ください。 그렇게 걱정하지 말아 주세요.

이시윤(李施昀)/舊名李一淑

일본오차노미즈여자대학 석사 및 박사(비교문화학박사)
현 성결대학교 동아시아물류학부 교수

임태균(任苔均)

니혼대학 석사(국제관계학)
오사카대학 박사(비교문학)
현 성결대학교 동아시아물류학부 교수

아이자와 유카(相澤由佳)

고려대학교 교육대학원 일어교육전공 석사(교육학)
고려대학교 일어일문학과 박사과정 수료
현 성결대학교 동아시아물류학부 조교수

레벨업 일본어 ❶

초판 1쇄 발행 _ 2018년 3월 2일

저　　자 • 이시윤 · 임태균 · 아이자와 유카
발 행 인 • 정 현 걸
발　　행 • 신 아 사
인　　쇄 • 토탈프로세스
출판등록 • 1956년 1월 5일 (제9-52호)
주　　소 • 서울특별시 은평구 통일로 59길 4
전　　화 • 02)382-6411 · 팩스 02)382-6401
홈페이지 • www.shinasa.co.kr
E-MAIL • shinasa@daum.net

ISBN 978-89-8396-262-1 (93730)

정가 *16,000*원